CELC CYMRU

Y Gororau

– gwlad rhwng gwledydd

Myrddin ap Dafydd

Gwasg Carreg Gwalch

Argraffiad cyntaf: 2018
ⓗ Myrddin ap Dafydd / Gwasg Carreg Gwalch

Cyhoeddir gan Wasg Carreg Gwalch,
12 Iard yr Orsaf, Llanrwst, Conwy, LL26 0EH.
Ffôn: 01492 642031
lle ar y we: www.carreg-gwalch.cymru

Rhif rhyngwladol: 978–1–84527–654–6

Mae'r cyhoeddwr yn cydnabod cefnogaeth ariannol
Cyngor Llyfrau Cymru

Cynllun clawr: Eleri Owen
Map: Alison Davies

Nodyn
Defnyddir y ffurfiau Cymraeg ar enwau lleoedd
yr ochr draw i Glawdd Offa ond mae rhestr o'r
enwau Saesneg ar y rheiny ar dudalen 206.

Cydnabyddiaeth
Diolch am gael cynnwys nifer o luniau Croeso
Cymru, hawlfraint y goron 2017, yn y gyfrol
hon: tudalennau 2, 7, 8, 9, 10, 11, 21, 27, 31, 36, 37,
40, 44, 48, 52, 55, 68, 96, 102, 104, 116, 126, 150,
153, 155, 158, 163, 179, 193.
Diolch yn arbennig hefyd i Roy Turner,
Pwyllgor Eglwys Sant Aelhaearn, Cegidfa ac
Ysgol Gymraeg y Ffin am rannu lluniau.

*Tud. 1 Cartref Cyngor Cymru a'r Gororau
pan fyddai'n cyfarfod yn Amwythig
1. Arwydd yn swydd Amwythig;
2. Castell y Waun*

Cynnwys

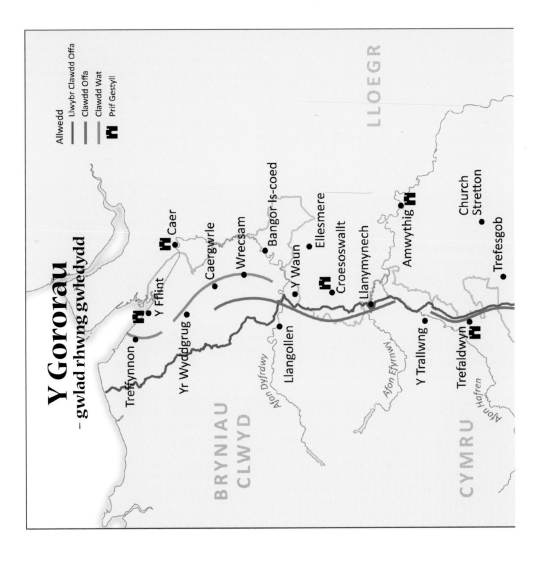

Y Gororau
– gwlad rhwng gwledydd

Allwedd
— Llwybr Clawdd Offa
— Clawdd Offa
— Clawdd Wat
▪ Prif Gestyll

LLOEGR

CYMRU

BRYNIAU CLWYD

Treffynnon
Y Fflint
Caer
Yr Wyddgrug
Caergwrle
Wrecsam
Bangor-Is-coed
Ellesmere
Y Waun
Croesoswallt
Llangollen
Llanymynech
Amwythig
Church Stretton
Y Trallwng
Trefaldwyn
Trefesgob

Afon Dyfrdwy
Afon Efyrnwy
Afon Hafren

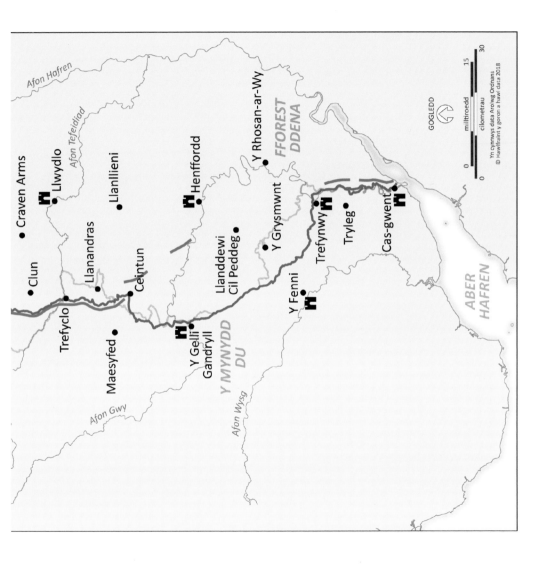

Chwilio am Fôr y Dwyrain

Trodd sgwrs hwyliog mewn tafarn yn Nulyn un tro yn ddadl a gyrhaeddodd uchafbwynt pan ddywedodd un Gwyddel am y Cymry, 'You're not a nation – you haven't got a fifty mile fishing limit!' Am gyfnod hir ar ôl hynny, bûm yn chwilio am fôr dwyreiniol i Gymru. Beth yn well na milltiroedd o heli i warchod hanes, diwylliant a threftadaeth sydd dan fygythiad?

Yn 1992, cylchwyd tir Cymru gan ddau rwyfwr profiadol mewn canŵ. Mae modd dychmygu'r daith dros donnau arfordir Cymru, ond beth am y dwyrain? Gwyddom hefyd fod Llwybr Arfordir Cymru (870 milltir / 1,400 km a agorwyd yn 2012) a Llwybr Clawdd Offa (177 milltir / 283 km a agorwyd yn 1971) yn rhoi cyfle i frasgamwr gerdded o gwmpas gwlad gyfan. Cymru ydi'r unig wlad yn y byd sy'n berchen ar y fath atyniad. Ond canŵ?

Yr hyn wnaeth y rhwyfwyr craff oedd padlo i fyny afon Dyfrdwy pan oedd y llanw y tu cefn iddyn nhw, gweu eu ffordd ar hyd isafonydd nes cyrraedd camlas Llangollen, a chyda chymorth ambell nant a ffos, cyrraedd afon Hafren yn y diwedd.

Ymhen hir a hwyr roedden nhw'n padlo dan gastell Cas-gwent. Mewn 24 diwrnod, llwyddodd Robert Egelstaff a Ray Goodwin i gylchu Cymru gyfan – dyfrdaith o 640 o filltiroedd.

Felly mae gan Gymru fur o ddŵr dwyreiniol yn ei gwarchod wedi'r cyfan. Mae gennym Glawdd Offa hefyd wrth gwrs, a godwyd mae'n debyg gan ddeiliaid Offa, brenin Mersia, rhwng 757 a 796.

Mae enw'r deyrnas honno, Mersia, yn un diddorol. Daw *mers* o'r Germaneg *mark* sy'n golygu tir gwag a diffaith rhwng dwy dref neu ddau sefydliad yn wreiddiol. Daeth i olygu 'tir rhwng teyrnasoedd' a dyna'n union oedd teyrnas Mersia yn hanes cynnar y Sacsoniaid – teyrnas fechan rhwng Northymbria fawr yn y gogledd a Wessex gadarn yn y de. Ond dan Offa a rhai brenhinoedd eraill, tyfodd yn brif deyrnas y Sacsoniaid am gyfnod.

Defnyddiwyd yr un gair gan y Normaniaid i ddisgrifio'r arglwyddiaethau a sefydlwyd ganddynt ar ororau Cymru wedi iddynt goncro'r Saeson yn 1066. Ar un adeg roedd tua 153 o farwniaid mawr a mân yn y Mers (Marchia Wallia i'r

Normaniaid, Welsh Marches i'r Saeson), gan greu tiriogaeth eang oedd yn wahanol i'r deyrnas a gâi ei rheoli gan goron Llundain, ac yn annibynnol iawn ei natur.

Cyn bod y Sacsoniaid yn cyrraedd Prydain, daeth y Rhufeiniaid i ychwanegu rhannau ohoni at eu hymerodraeth. Cyrhaeddodd y llengoedd Deva (Caer), Viroconium (Wroxeter, neu Gaerwrygion, ger Amwythig) ac Isca (Caerllion), ond yna roeddent yn wynebu dyffrynnoedd dan gorsydd gwern oedd yn dioddef gan lifogydd cyson a waliau o fryniau a mynyddoedd digroeso y tu hwnt iddynt.

1. Afon Dyfrdwy i'r gogledd o Gaer;
2. Castell Gas-gwent ar lan afon Gwy

Prin yw'r ffyrdd a dorrodd y Rhufeiniaid ar draws y corsydd hynny tua'r gorllewin. Roedd gwastadeddau dwyrain Prydain dan lywodraeth Rhufain, ond presenoldeb militaraidd fu ganddynt ar ddaear Cymru yn hytrach na rheolaeth lwyr. Roedd y gwernydd a'r mynyddoedd cynddrwg os nad gwaeth na sianel o ddŵr heli iddyn nhw.

Dros foroedd y daeth ymsefydlwyr cynharach hefyd. Cyrhaeddodd pobl oedd yn siarad ieithoedd Celtaidd, pobl yr Oes Efydd a phobl yr arfau cerrig drwy hwylio moroedd y gorllewin, rhai ohonynt o Fôr y Canoldir. Daeth eraill dros y culfor sy'n gwahanu de-ddwyrain Lloegr oddi wrth gyfandir Ewrop. Mae archaeolegwyr a phrofion DNA yn awgrymu bod y corsydd a'r mynyddoedd a oedd ar ymyl ddwyreiniol mynydd-dir Cymru yn cynnig ffiniau naturiol i diriogaethau'r llwythau cynnar hynny yn ogystal.

Mae'r Mers ar hyd gororau Cymru yn hŷn na'i enw, felly. Y mae, o bosib – oherwydd yr haenau dwfn o hanes sydd yno – yn fwy arwyddocaol na môr a hawliau pysgota wedi'r cwbl. Mae'n wlad rhwng gwledydd.

Goleudy Talacre, Aber Dyfrdwy a phontydd aber Hafren

Y Gororau 9

Cerdded yn ôl ac ymlaen

Yng Ngorffennaf 2012, treuliodd Michael Wood 47 awr a 10 munud mewn tridiau yn rhedeg o Brestatyn ar hyd Llwybr Clawdd Offa i glogwyni Sedbury wrth ymyl Casgwent. Ond nid lle i fynd drwyddo ar duth ydi'r Gororau.

Mae cerdded yn dda i'r economi leol, mae hynny'n sicr. Daw miloedd i gario'u sgrepanau ar hyd llwybr y Clawdd bob blwyddyn. Mae Trefyclo ('Tref-y-clawdd') tua hanner y ffordd ar hyd y llwybr ac mae hwnnw'n hollol ganolog i bob cynllun busnes yn yr ardal. Yma mae canolfan Cymdeithas Clawdd Offa a phrynodd y dref ddarn o'r Clawdd er mwyn creu lleoliad addas i seremoni agoriadol y

1. Canolfan Clawdd Offa, Trefyclo;
2. Bragdy Trefonen

Cerdded y Clawdd ger Pyllalai

llwybr. Mae yno ganolfan ddehongli yn cyflwyno hanes, archaeoleg a bywyd gwyllt y llwybr.

Mae tua 50 o drefi a phentrefi yng Nghymru a chanolbarth Lloegr yn hawlio statws 'Croeso i Gerddwyr' oherwydd yr adnoddau a'r gofal sydd yn eu cyffiniau i gerddwyr. Mae tua'u hanner ar y Gororau. Mae gŵyl gerdded gan bron pob tref yn yr ardal ac mae cerdded yn un o'r atyniadau sy'n cael eu hyrwyddo ym mhob taflen wybodaeth leol. Ar hyd y Gororau, mae bryniau a mynyddoedd Cymru i'r gorllewin, bryniau swydd Amwythig i'r dwyrain a glannau afonydd a chamlesi yn cynnig rhwydweithiau da i gerddwyr a beicwyr. Nid dim ond cerdded de/gogledd sydd i'w gael ar hyd y Clawdd.

Nid dim ond cerdded chwaith. Mae'r llwybr swyddogol yn ymweld â thair Ardal o Harddwch Naturiol Eithriadol – sef hanner yr ardaloedd penodedig hardd yng Nghymru. Dyma gyfle i weld cannoedd o olygfeydd unigryw. Mae dros 30 o rywogaethau o ieir bach yr haf yn Ardal Dyffryn Gwy. Mae'r llwybr yn croesi traphont ddŵr uchaf gwledydd Prydain – un o Safleoedd Treftadaeth y Byd – yn Ardal Bryniau Clwyd a Dyffryn Dyfrdwy. Mae'n croesi ffin bresennol Cymru a Lloegr 26 o weithiau gan gynnwys ymweld ag Ardal Bryniau Swydd Amwythig. Ar ben hynny, mae'r llwybr yn mynd â ni i un o'r tri pharc cenedlaethol sydd yng Nghymru – Parc Cenedlaethol Bannau Brycheiniog.

Caiff cwrw swyddogol y llwybr ei gynhyrchu ym mragdy Monty's, Trefaldwyn. Mae un bragdy yn llythrennol ar y llwybr ei hun – Offa's Dyke Brewery yn Nhrefonen, swydd Amwythig. Dydi torri syched ddim yn broblem ar y teithiau hyn gydag o leiaf un bragdy annibynnol bron ym mhob tref neu bentref sylweddol o fewn cyrraedd y llwybr.

Y Clawdd ei hun yw'r heneb hiraf yng ngwledydd Prydain, ond nid dyna'r unig safle hanesyddol sydd i'w weld yn yr ardal. Mae mwy o gestyll i'r filltir sgwâr yn y Gororau nag yn unrhyw ardal arall yn Ewrop. Os oes cestyll, gallwch fentro bod meysydd brwydrau heb fod ymhell. Mynwentydd hefyd – mae degau o eglwysi ac abatai i ymweld â nhw yn y wlad o gwmpas y llwybr. Mae'r trefi a'r pentrefi yn llawn pensaernïaeth ddiddorol sydd wedi goroesi o wahanol gyfnodau. Adeiladau sy'n medru siarad â ni ydi'r rheiny – mae ganddyn nhw straeon am borthmyn a masnachwyr gwlân, brenhinoedd a milwyr traed, glowyr heb hawliau a gwragedd tafodrydd.

Wedi hynny i gyd, mae'r corff angen dipyn o gynhaliaeth. At ei gilydd, gwlad amaethyddol sydd o boptu'r Clawdd erbyn heddiw. Gwlad cig oen y bryniau a'r mynyddoedd, cig eidion y dyffrynnoedd bras a haidd, gwenith a pherllannau'r gwastadeddau ffrwythlon. Mae cannoedd o gynhyrchwyr sy'n ymhyfrydu yn safon eu bwyd a'u diod yma ac maen nhw'n falch o'u cyflwyno i gwsmeriaid mewn marchnadoedd a chanolfannau bwyd lleol. Parhaodd y farchnad leol yn bwysig o ran adeilad a gweithgaredd yn y rhan fwyaf o drefi'r Gororau, ac maen nhw'n braf i'r llygad yn ogystal â blasus ar y dafod.

Weithiau, does dim sy'n well na phaned o de, ac mae yna barch at baned yng ngwlad y Mers. Te coes morthwyl ydi'r un at fy nant i – te breci, fel y dywed rhai. Does dim ond rhaid awgrymu hynny a bydd mwy o ddail yn cael eu taro'n ddi-lol i'r tebot. Caffi'r White Swan yn Nhrefynwy sy'n cael y seren aur. 'Sut ti'n hoffi dy de?' gofynnodd y weinyddes, fel petai'n trafod stecen. Mi ddaeth yn ôl gan ddweud ei bod wedi rhoi dau fag yn y tebot bychan 'a dim ond rhag ofn, dwi wedi rhoi un ychwanegol yn dy gwpan di hefyd!'

Efallai mai'r cynnyrch lleol maethlon sydd yn y Gororau sydd i gyfri bod gan yr ardal enw da am iechyd a hirhoedledd ei

Marchnad leol yn Amwythig

thrigolion. Efallai mai hamdden y bywyd gwledig yw'r rheswm, neu efallai eu hoffter o seidr, cwrw, cân a gŵyl. Rhyfeddodd Iago I o Loegr at y nodwedd hon wrth ddod ar draws criw o ddawnswyr yn Nyffryn Deur. Deuddeg hen ŵr oedd yn dawnsio a'u cyfartaledd oedran yn gant. Cyfanswm oedran y pedwar cerddor oedd yn cyfeilio iddynt oedd 423 o flynyddoedd. Roedd un o'r actoresau yn y pasiant yno (1609 oedd y flwyddyn) wedi bod yn forwyn wrth wely angau y Tywysog Arthur yn Llwydlo yn 1502.

Na, nid lle i redeg ar ei hyd ydi Clawdd Offa, ac nid lle i wibio drwyddo ar y prif ffyrdd dros Ddyfrdwy a Hafren at gyrchfannau mwy poblog a phoblogaidd ydi'r Gororau. Mae angen gadael i amser gerdded yma, ymweld a hamddena mewn ffordd sy'n gadael digon o bethau i'ch tynnu yn ôl yno. Dim ond wrth wneud hynny mae dod i weld nad y gorffennol yn unig sy'n fyw yma – mae gan y profiadau a geir yma lawer i'w gynnig inni fel llwybr at ddyfodol ystyrlon a llewyrchus hefyd.

Y dŵr mawr o Gymru

Dwi newydd ddod allan o Arch Noa. Mi ddwedwn i fod yr hen ddyn a Sem, Cham a Jaffeth wedi bod wrthi'n cwyro'r trawstiau a'r ffyn derw y bore yma, yn ôl yr oglau melys sydd drwy'r lle. Wnes i ddim sylweddoli mai teils priddgoch Rhiwabon fyddai ar lawr yr Arch chwaith. Ond mae'n codi'n grib uwch fy mhen, yn union fel y darluniau sydd gen i yn fy nychymyg ohoni. Mae trawstiau pren ar hyd corff yr adeiladwaith yn dal yr ochrau at ei gilydd ac mae'r ystlysau a'r talcenni yn rhesi o brennau derw cryfion, gyda bangorau o wiail a chlai wedi'u gwyngalchu rhyngddynt. Arwydd o henaint a chrefft yr Arch ydi bod y bangorau gwyn yn gulach na'r derw. Mae'r cyfan wedi'i begio i'w gilydd heb un hoelen rydlyd ar eu cyfyl.

Yn y cefn, mae'r grisiau tro culion i'r galeri yn gwichian ac yn taflu'n gam fel rhai ar hen long hwyliau. Mae'r galeri gyfan ar oledd hefyd, oherwydd y modd y setlodd y trawst derw anferth sy'n ei chynnal yn ei le. Mae'n ddigon i godi'r bendro ar rywun. Ond dwi'n darllen ar y daflen mai yn 1406 yr adeiladwyd hon.

Y tu allan, mae'n edrych yn debycach i eglwys – ond dim ond o drwch ei rhisgl. Y porth a thŵr y gloch sy'n fy nhaflu, mae'n siŵr. Mae'n gorwedd – dros dro, mae'n ymddangos – ar dorlan fregus uwchlaw afon Efyrnwy. Mae'r dorlan wedi sigo'n ddifrifol tua'r cerrynt yn ddiweddar. Mae'r cerrig beddau cam yn tystio i hynny, yn edrych fel petaen nhw'n ymgrymu i dduwies yr afon.

Mi allwn ddychmygu bod yr eglwys wedi dod i lawr o'r bryniau uwch Llanfyllin gyda rhyw li mawr aeaf neu ddau yn ôl ac wedi'i gadael fel broc wrth ymyl cymer Efyrnwy a Hafren. Ym Melwern yr ydan ni, o fewn pum llath i ffin Cymru a Lloegr sydd yn union yng nghanol afon Efyrnwy yn y fan hon. Y tu mewn, gwelwn mai Archesgob Cymru fu yma'n ei bendithio ar ôl y gwaith diweddar o adfer y dorlan. Eto, mae hi'n sefyll ar ochr Lloegr yr afon. Tystiolaeth bellach mai dod i lawr efo'r lli wnaeth hi, mae'n siŵr. Mae'n edrych yn union fel petai wedi'i hangori'n ysgafn a'i bod yn disgwyl am y lli mawr nesaf. Bydd hwnnw yn ei chario'n ôl i'r lan arall, wrth gwrs. Erbyn heddiw, dim ond tair eglwys o adeiladwaith 'du a gwyn' sydd wedi goroesi drwy swydd Amwythig. Yn ôl yr hanes, llosgodd Owain Glyndŵr eglwys bren

debyg yma yn 1401. Mae rhywun yn meddwl sut gebyst y cafodd o ei choed hi'n ddigon sych i gymryd y tân.

Un o Felwern oedd y cywyddwr o'r 15fed ganrif, Llywelyn ap Gutun. Doedd y darn yma o dir ddim wedi'i gydio wrth swydd Amwythig a'i droi'n rhan o Loegr bryd hynny. Canodd Llywelyn ffug-farwnad i Guto'r Glyn, yn honni ei fod wedi boddi wrth geisio croesi aber Malltraeth ym Môn. Atebwyd y cywydd hwnnw gan Guto yn disgrifio breuddwyd a gawsai: bod Llywelyn a'i holl eiddo ym Melwern yn cael ei gario gan li Efyrnwy i ganol y corsydd gwern. Mae hen draddodiad bod Melwern yn ardal oedd yn ei chael hi pan fyddai'r afonydd yn torri'u glannau. Wedi cyfnod o law trwm, 'Duw a helpo Melwern' oedd y dywediad yn y rhan hon o'r Gororau, a hynny yn y ddwy iaith. Codwyd cloddiau i amddiffyn yr eglwys yn y 1990au. 'Argaeau' ydi'r enw lleol ar y rheiny ac maen nhw'n nodwedd gyfarwydd yn yr ardal ers canrifoedd. Mae fersiwn o'r enw wedi goroesi yn Saesneg yr ardal hyd heddiw: *argies*.

Mae llifogydd yn rhywbeth y mae'r Gororau wedi gorfod dygymod ag o ers canrifoedd. Pan geir glaw trwm ar ucheldir Cymru, bydd canlyniadau hynny i'w gweld a'u teimlo waethaf ar ôl i'r afonydd gorlawn arafu ar y gwastadeddau dwyreiniol. Gall 100mm o law ddisgyn mewn deuddydd yn rhwydd iawn ar fynyddoedd Cymru a bydd hwnnw'n gadael ei ôl ar ddolydd a ffyrdd yr iseldir mewn diwrnod neu ddau. Yn Chwefror 2011, aeth cwrs rasio ceffylau Bangor Is-coed dan ddŵr afon Dyfrdwy – aeth o fod yn sych i fod o dan 7 troedfedd o ddŵr mewn 5 awr. Bydd lli mawr, cyflym fel yna yn dal ceir yn ddirybudd; bydd defaid a gwartheg, hyd yn oed, mewn trybini ac o dro i dro bydd pobl hefyd yn colli'u bywydau.

Yn ôl yn nyddiau gwrthryfel Glyndŵr, ceir cywydd wedi'i ganu gan Madog ap Gronw Gethin yn diolch i afon Dyfrdwy am orlifo yn ymyl Bangor Is-coed ym Medi 1402. Ar y pryd, roedd byddin y Cymry i'r gorllewin o'r afon. Cyrhaeddodd byddin fawr o Saeson o'r dwyrain a gwersylla ar y lan honno gyda'r bwriad o ymosod ar y Cymry drannoeth. Cododd gwynt nerthol ar Lyn Tegid gan chwyddo dŵr yr afon a boddi llawer o'r Saeson yn eu pebyll. Wrth ganmol yr afon, dywedodd Madog wrthi, 'daethost ... ar frys rhag bod arnom fraw'. Atgyfnerthodd y digwyddiad hwnnw'r gred ymysg ei elynion fod Glyndŵr yn medru dewinio'r gwyntoedd a'r glaw a'r eira i roi cymorth i'w achos.

I'r gogledd o Amwythig, mae 'ardal y llynnoedd' – neu ardal y pyllau a'r 'meres', fel y'u gelwir. Ar un adeg roedd afon Hafren yn llifo tua'r gogledd ond ar ddiwedd Oes yr Iâ, pan oedd terfyn y rhewlif ar wastadeddau Caer, daliwyd darnau anferth ohono yn y clai. Gorfodwyd yr afon i lenwi'r pantiau hyn wrth i'r rhew doddi ac yna i dorri cwrs newydd iddi'i hun tua'r de. Mae chwedlau Celtaidd eu natur am rai ohonynt megis Llynclys (i'r de o Groesoswallt) a Bomere (ger Condover, i'r de o Amwythig) – bod dinasoedd wedi'u boddi yn eu gwaelodion a bod modd gweld eu tyrau pan fydd y dŵr yn glir.

Mae afon Hafren yn enwog iawn am ei thuedd i orlifo hefyd ac mae cofnodion wedi'u cadw dros y blynyddoedd. Yn Llandrinio y ceir y bont garreg fwyaf dwyreiniol ym Maldwyn sy'n ei chroesi ac mae digon o arwyddion o fesur dyfnder y dŵr wrth honno. Dyma ddarn o ffordd sy'n cau gyda phob lli, bron â bod. Cofnodwyd yn 1820 bod rheithor y plwyf ar y pryd wedi mynd i'r eglwys mewn twb golchi. Mae llun yn Abaty Amwythig o bedwar warden eglwysig yn rhwyfo rhwng y seddau mewn cwch tebyg i *punt*.

Ar y Bont Seisnig yn Amwythig mae cerfluniau o ddolffiniaid yn deifio ar eu trwynau i'r afon. Fel arfer, maent yn ddigon uchel i fyny traed y bont ac o gyrraedd y lli. Ond yn ôl dwy wraig oedd yn wirfoddolwyr yn yr abaty yn y pen hwnnw o'r dref, roedd dywediad ymysg trigolion y strydoedd hynny: 'Pan fydd y dolffiniaid yn yfed dŵr yr afon, mae'n amser symud y dodrefn i'r llofftydd'.

Byddai Frankwell, y dreflan a dyfodd ar ochr orllewinol afon Hafren ger y Bont Gymreig yn Amwythig, yn dioddef yn aml gan lifogydd. 'Rhydd' ydi ystyr 'frank' ac yn draddodiadol doedd trigolion y dref sianti

Llifogydd yn Abaty Amwythig

oedd yno ddim yn talu trethi i'r awdurdodau. Ni chaent eu hamddiffyn rhag gelynion na chwaith rhag yr afon oherwydd hynny. Yn 1795, yn dilyn rhew caled am wythnosau, daeth y glaw a thoddodd y rhew a'r eira yn y mynyddoedd yr un pryd a bu lli eithriadol o uchel yno. Mae marciau llifogydd diweddar i'w gweld wrth y bont gerdded yno heddiw.

Bellach mae argaeau magnetig – dyfais yr Iseldirwyr – yn cael eu cloi i adwyau pan fydd perygl o li yno, ac mae'r dŵr yn cael ei ddargyfeirio oddi wrth y tai a'r adeiladau tra bo hynny'n bosib. Ond mae ambell lif eithriadol yn drech na'r peirianwyr o hyd. Bu un o'r rheiny yng Ngorffennaf 2007. Roedd wedi bod yn haf eithriadol o wlyb ar fynyddoedd Cymru ac roedd hi'n od gweld awyr las, hafaidd yn nyffryn isaf Hafren a'r llifogydd yn ysgubo tuag atynt, gan ynysu un dref ar ôl y llall. Tewkesbury oedd un o'r trefi olaf i gael ei tharo, ac ar y newyddion y noson cynt roedd y trigolion yn codi amddiffynfeydd i geisio diogelu'u heiddo. 'We're waiting for the waters to come down on us from Wales,' meddai un ohonynt. Roedd yr un ofn a'r un cyhuddiad yn ei llygaid â phetai'n dweud ei bod yn disgwyl cyrch gan haid o filwyr a chleddyfau a thân ganddyn nhw chwe chanrif ynghynt.

Roedd afonydd yn rhan o amddiffynfeydd trefi'r tir isel yn wreiddiol. Does unman yn dangos hynny'n well nag Amwythig gyda dolen afon Hafren bron â bod yn fodrwy o'i chylch. Yna gwelwyd cyfnod pan ddaeth pontydd yn bwysicach na'r cerrynt. Roedd dwy bont yn Amwythig mor gynnar ag 1121. Pontydd sy'n creu masnach a masnach sy'n creu llwyddiant yn y diwedd. Ond ni thynnwyd y porth castellog olaf i lawr oddi ar y Bont Gymreig yn Amwythig hyd 1770.

Llifogydd Tewkesbury 2007

1. Y 'Bont Seisnig', Amwythig;
2. Y 'Bont Gymreig'

Pontydd a rhydau rhwng dwy wlad

Rwy'n sefyll ar bont Llanandras ac mae afon Llugwy'n llifo danaf. Ar y dde, mae'r dref a thir Cymru; ar y chwith – Lloegr. Bu yma ryd cyn y bont ac roedd hwn yn fan croesi pwysig i'r porthmyn a gerddai wartheg a defaid o fryniau canolbarth Cymru i farchnadoedd Lloegr. Drwy'r rhyd hon hefyd ganrifoedd cyn hynny y daeth 'Taffy' yr hen rigwm hiliol hwnnw â'r gwartheg yr oedd wedi'u dwyn ar wastadeddau Lloegr, medd rhai. Beth ydi dwyn ychydig wartheg wrth ochr dwyn y gwastadeddau i gyd oddi ar y Cymry, fyddai Taffy wedi'i ofyn efallai.

Yn 2016, pleidleisiodd Senedd Cymru i gael gwared ar y tollau ar bontydd Hafren pan fydd y rheiny'n dod yn eiddo cyhoeddus yn 2018. Mae'r ddwy bont honno yn lleoliad ac yn symbol o'r ffin rhwng y ddwy wlad yn ein cyfnod ni. Maen nhw hefyd yn asgwrn cynnen. Er bod Senedd Cymru wedi pleidleisio i ddiddymu'r tollau (£20 i fys/lorri; £6.70 i gar yn 2017), gan Adran Drafnidiaeth Llywodraeth Llundain y mae'r hawl i wneud y penderfyniad terfynol ac felly Alun Cairns, Ysgrifennydd Cymru yn Llywodraeth Llundain, a wnaeth y cyhoeddiad terfynol. Dim ond wrth ddod i mewn i Gymru y ceid tollau – roedd hynny'n tanseilio'r economi a thwristiaeth, meddai'r Cymry. Gwelodd y bardd Harri Webb symboliaeth wleidyddol y tu ôl i hyn pan ganodd i ddathlu agor Pont Hafren (a'r ymestyniad ohoni dros afon Gwy) yn 1966 gyda phennill crafog yn nodi fod yr arian i gyd yn cael ei gasglu ar y lan ar ochr Lloegr. Pan agorwyd Ail Groesfan Aber Hafren yn 1996, yr un oedd y drefn o godi tollau. Yn ôl un o yrwyr lorïau Mansel Davies o Benfro, y ciw i dalu'r doll ar y ffordd i mewn i Gymru oedd y 'border contrôl mwyaf trafferthus yn Ewrop'. Ond heb y tollau, gwelodd Ysgrifennydd Cymru'n dda i'n hatgoffa bod modd clymu de-ddwyrain Cymru yn dynnach wrth economi lewyrchus ardal Bryste.

Erbyn heddiw mae 94 croesfan dros afon Hafren, gyda 36 ohonynt yng Nghymru. Twnnel y rheilffordd o dde

Cymru i Lundain yw un ohonynt. Pan agorwyd hwnnw yn 1886, câi ei ystyried fel campwaith peirianyddol mwyaf Prydain y ganrif honno. Hwn oedd y twnnel rheilffordd hiraf yn y byd am dros ganrif ar ôl hynny.

Ond nid oedd hi mor hawdd herio cerrynt yr afon honno ar un adeg. Afon Hafren yw 'Clawdd Offa' yn ardal Llanymynech. Yn aml iawn, mae afon lydan, ddofn gystal â chadwyn o fynyddoedd i greu ffin rhwng dwy diriogaeth a dwy fyddin. Bu afonydd Hafren a Dyfrdwy yn gymorth i ddiffinio tir y Cymry am ganrifoedd.

Eto, mae rhydau yn yr afonydd mwyaf hefyd. Dyma'r man gwan yn yr amddiffynfa; dyna'r porth i'r gelyn ymosod drwyddo. Nid nepell o Gaer, i'r dwyrain o afon Ceiriog mae nant Morlas. Mae'i gwely yn nwyrain swydd Amwythig erbyn heddiw ond ar hyd rhan olaf y gwely hwnnw cyn iddi lifo i afon Ceiriog mae'n dal y ffin rhwng Cymru a Lloegr. Yno mae Rhyd Forlas ac mae cerddi cynnar Cymraeg am hanes rhyfelwyr o'r 6ed ganrif yn cyfeirio at y rhyd honno. Roedd gan y Cymry amddiffynfa wrth y rhyd, i wrthsefyll ymosodiadau gan elynion – y Northymbriaid, bryd hynny. Heriodd Llywarch Hen ei fab Gwên i sefyll wrth y rhyd i warchod ei wlad fel y gwnaeth ei 23 brawd – gwarchod ac ymladd hyd angau. Mae Gwên yn derbyn y sialens ond mae yntau'n colli'i fywyd gan adael ei dad i alaru ar ei ôl (aralleiriad Gwyn Thomas):

Gwên, bras ei forddwyd, a wyliodd neithiwr
Ar ochor Rhyd Forlas:
Gan ei fod yn fab i mi, ni chiliodd.

Er bod 1,500 mlynedd wedi mynd heibio ers y frwydr honno yn Rhyd Forlas, mae naws arbennig o Gymreig i'r ardal hon o hyd. Wrth gerdded ar hyd llwybr y gamlas o swydd Amwythig i'r Waun, rydan ni'n cerdded yn uchel uwch derw ac ynn Dyffryn Ceiriog. Mae yma deimlad ein bod yn glanio yng Nghymru mewn un cam. Dyffryn cul, llechweddog, coediog. Dwy draphont, sy'n ein hatgoffa o rai o gymoedd y de-ddwyrain. Arwydd 'Croeso i Gymru'. Does dim blas y Gororau yma. Dyma Gymru. O'n blaenau, twll mawr du. Twnnel y gamlas a'r dirgelwch y tu hwnt.

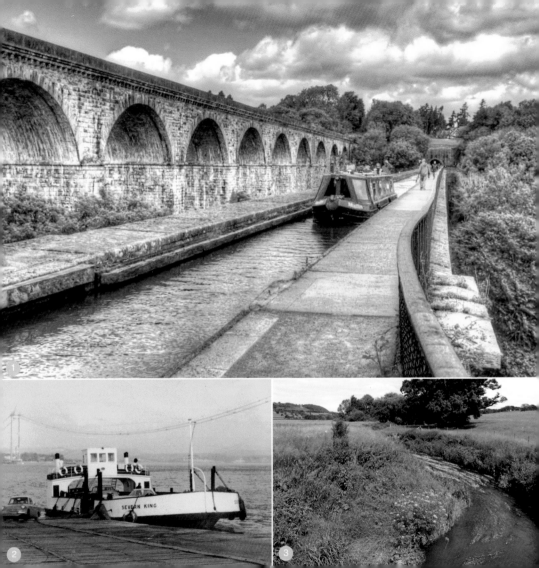

Roedd rhydau'n fannau cyfarfod yn ogystal â bod yn llwyfannau i frwydrau. Sawl tro, wrth y rhyd y cynhelid cynhadledd heddwch. Ar Ryd Chwima ar afon Hafren ger Trefaldwyn y cyfarfu Llywelyn, Tywysog Cymru a Harri III, a'i fab Edward yn 1267. Roedd Cymru gyfan yn gefn i Llywelyn ac roedd wedi cael buddugoliaethau yn erbyn y Normaniaid ym mhob cwr o'r wlad. Yn y cytundeb hwnnw, cydnabu coron Lloegr bod Cymru dan reolaeth Llywelyn ac am y tro cyntaf derbyniodd Llundain annibyniaeth y wlad. Yn anffodus, pan gafodd Harri ac Edward dir cadarnach o dan eu traed, anghofiwyd yr addewidion a wnaed ganddynt ar ddolydd Hafren ac ailddechreuwyd ymosod ar diroedd Llywelyn a'u hawlio. Ond fel y dywedodd yr hanesydd John Davies yn ei gyfrol *100 Lle i'w Weld Cyn Marw* (2009), 'Os am goffáu anterth annibyniaeth Cymru (hyd yma), Rhyd Chwima yw'r lle i fynd.'

Pontio neu droi cefnau; cymodi neu ffraeo – mae hynny'n fwy o agwedd meddwl na phroblem ddaearyddol yn y diwedd. Cyn y twnnel rheilffordd, roedd fferi Beachley-Aust ar aber Hafren yn dilyn cwrs peryglus ond hanfodol ar draws y cerrynt ers canrifoedd. Yn 601, croesodd cynrychiolwyr o esgobion Cymru mewn fersiwn gynnar o'r gwasanaeth fferi hwnnw. Cynhadledd enwadol gydag Awstin Sant, Archesgob Caer-gaint, yn Aust ar y lan ddwyreiniol oedd diben y daith. Trafod cydweithio – trafod uno, yn wir – dan awdurdod Caer-gaint oedd ar yr agenda. Doedd Awstin Sant ddim yn hapus fod yr Eglwys Gymreig wedi troi'u cefnau ar baganiaid Lloegr ac roedd yn awyddus i ddweud wrthyn nhw sut y dylent genhadu ymysg y Sacsoniaid.

Doedd y seintiau Cymreig ddim yn ymateb yn dda i safbwynt ymosodol o'r fath ac yn sicr, nid oeddent yn awyddus i gael eu rheoli o Gaer-gaint. Ond roedd y cynrychiolwyr yn fodlon herio lli melyn aber yr afon er mwyn cyfarfod ag Awstin. Y cyngor a gawsant cyn mynd oedd: 'Os bydd Awstin yn ddigon moesgar i godi oddi ar ei orsedd i'ch cyfarch a'ch croesawu, yna gwrandewch yn astud arno. Os na wnaiff godi, peidiwch â gwrando arno.' Dychwelyd dros yr aber fwdlyd heb wrando ar Archesgob Caer-gaint fu'u hanes.

1. Traphontydd y gamlas a'r rheilffordd yn y Waun; 2. Fferi Hafren o'r 1930au i 1966; 3. Afon Camlad, ar ffin swydd Amwythig a Phowys – yr unig ddŵr sy'n llifo o Loegr i Gymru

Llygad ar ben bryn

Ar drên o Fangor i Gaerdydd un Ionawr roedd hi'n amlwg fod y rheilffordd yn dilyn llinell y terfyn rhwng Cymru a Lloegr mewn sawl man. Ar ôl gadael Caer, gorweddai plyg o eira ar y llechweddau a welwn ar ochr dde'r cledrau ond roedd y meysydd gwastad ar yr ochr chwith yn hollol las. Drwy lwc, doedd dim 'eira ar y lein' y tro hwnnw (na 'dail ar y lein' na 'dŵr ar y lein' na hyd yn oed 'haul ar y lein') ac roedd yr hirdaith yn beirianyddol bosibl.

Ond roedd llinell yr eira yn arwyddocaol. Cyn bod sôn am bobl na'u bywydau, roedd ffin ddaearyddol fan hyn. Gan mai 'hamddenol' ydi'r ansoddair caredig ar gyfer cyflymder y trên ar y daith honno, mae'n hyfryd bod pethau o'r fath i gnoi cil arnynt ar y daith.

Tiroedd isel dan 100 metr uwchlaw'r môr yw'r rhan fwyaf o wastadeddau swydd Gaer a swydd Amwythig, ond i'r gorllewin mae Bryniau Clwyd, Mynydd Hiraethog a'r Berwyn. Ymhellach i'r de, mae Mynydd Maesyfed, Bannau Brycheiniog a'r Mynydd Du. Creigiau Ordofigaidd sydd ar ochr Cymru, a gwthiad neu ddau o greigiau Cyn-Gambriaidd a Silwraidd yma ac acw –

gan redeg dros y ffin weithiau, lle mae'r bryniau mwyaf dwyreiniol bellach yn rhan o swydd Amwythig. Clai rhewlifol, calchfaen a thywodfaen a welir yn bennaf ar wastadeddau Lloegr. Mae enwau hen lwythau Celtaidd Cymru yn enwau rhyngwladol ar y creigiau ac yn dangos eto bod y ffin ddaearegol yn un wleidyddol yn ogystal.

Yng ngororau Cymru, mae'r rhan fwyaf o'r bryngaerau i'r gorllewin o gwrs afonydd Dyfrdwy a Hafren. Maent mor niferus fel eu bod yn awgrymu bod y llwythau Celtaidd yn y tir a elwir Cymru (yr Ordofigiaid, y Deceangliaid a'r Cornofiaid yn y gogledd a'r Silwriaid yn y de-ddwyrain) yn gorfod bod ar eu gwyliadwriaeth rhag y llwythau oedd wedi sefydlu ar wastadeddau'r dwyrain (a elwir yn Lloegr, bellach). Hynny yw, roedd hon – mae'n debyg – yn ffin ddadleuol yn Oes yr Haearn hyd yn oed.

O tua 200–300 CC ymlaen, adeiladodd y llwythau hyn gannoedd o fryngaerau oedd yn cyfuno ffosydd a chloddiau pridd, palisau pren a waliau cerrig yn gylchoedd

---

1. Moel y Gaer, Rhosesmor; 2. Din Gwrygon a bryniau Cymru dan eira; 3. Crannog wedi'i ail-greu yn Llyn Syfaddan

am gopaon y bryniau. Roedd rhai o'r bryngaerau yn amgáu aceri helaeth, gyda phentrefi a chaeau i'w hanifeiliaid ynddynt a'r cyfan yn cael eu hamddiffyn gan y cloddiau cadarn.

Gelwir y llwythau Celtaidd a ymsefydlodd yn ne a gorllewin Prydain yn Frythoniaid, gan eu bod yn rhannu'r un gangen o'r iaith Gelteg a ddatblygodd yn ddiweddarach yn Gymraeg, Cernyweg a Llydaweg. Y Goedeliaid yw'r llwythau Celtaidd yn Iwerddon a'r Alban – dyma darddiad Gwyddeleg, Gaeleg a Manaweg.

Rhwng y Fflint ac Amwythig, mae tua deg ar hugain o fryngaerau Celtaidd. Un o'r rhai mwyaf nodedig yno ydi Moel y Gaer ar Fynydd Helygain sy'n cadw golwg dros ehangder aber Dyfrdwy ar un ochr a dyffrynnoedd braf Bryniau Clwyd ar yr ochr arall. Canfuwyd olion sy'n tarddu o'r Oes Efydd tua 820 CC yno a thybir bod yno dref sylweddol cyn iddi gael ei gadael yn ystod y cyfnod Rhufeinig.

Ar ddiwedd y pnawn, gyda'r haul tua'r dwyrain daw yno hen ddynion i fynd â'u cŵn am dro, daw mamau am dro gyda'u plant neu loncwyr diorffwys ar wib o Rosesmor. Maen nhw i gyd yn cylchu'r clawdd olaf cyn y copa cyn mynd yn ôl

adref. Hyd heddiw, mae'r llwybr coch ar y clawdd hwnnw yn creu modrwy gron ac ohoni gwelir dyffrynnoedd a chymoedd y Fflint, aber helaeth afon Dyfrdwy a thyrau Caer a Lerpwl yn y pellteroedd.

Mae gwregys o eithin o amgylch Moel y Gaer heddiw. Arfau dipyn mwy pigog na'r eithin oedd yma ar un adeg, a dyma un ganolfan grym y bu'n rhaid i'r llengoedd Rhufeinig yng Nghaer ei gwastrodi er mwyn sefydlu eu rheolaeth dros y diriogaeth hon.

I'r de o Amwythig, saif mynydd unigol nodedig y Wrecin ac ar ei gopa, gyda golygfa wych o wastadeddau Hafren mae Dinwrygon, y fryngaer oedd yn brifddinas i lwyth y Cornofiaid. Yma eto, roedd

Caer Ogyrfan, Croesoswallt

llethrau serth y bryn yn cynnig amddiffynfeydd sylweddol i'r fryngaer ar y copa.

Yn ardal y Silwriaid yng Ngwent, mae sawl bryngaer gref heb fod ymhell o sefydliadau grymus y Rhufeiniaid yng Nghaerllion a Chaer-went. Mae'r patrwm yn amlwg – anelai'r Rhufeiniaid at y bryngaerau mwyaf pwerus a chodi gwersylloedd rhyfel yn eu hymyl. Wedi trechu'r Celtiaid yn eu ceyrydd, roeddent yn ehangu'r gwersylloedd islaw yn ganolfannau i'w llengoedd a'u hymerodraeth, fel y gwelwyd yn Deva, Viroconium ac Isca.

Yn nhraddodiad y llwythau Brythonig i'r de a'r dwyrain o Gymru, mae olion ceyrydd mawr ar wastadeddau dwyreiniol y Gororau hefyd. Yn y Berth ger Amwythig a Chaer Ogyrfan (Old Oswestry) ger Croesoswallt gwelir cyfresi o gloddiau modrwyog yn amgáu aceri lawer uwch y tir gwastad. Weithiau, byddai'r Celtiaid yn adeiladu sarn a thref neu lys ar goesau pren i ddŵr y llyn, sef 'crannog'. Yng ngwlad y Gororau, canfuwyd olion cranogau cynnar yn Llyn Syfaddan, Brycheiniog ac ar y 'meres', y llynnoedd rhewlifol i'r gogledd o Amwythig.

Mae'r un chwedlau sy'n cael eu cysylltu â'r tiroedd hyn yn dyst eu bod yn rhan o un iaith, un diwylliant am ganrifoedd maith.

Y 'mere' yn Ellsemere

Y clogyn aur

Ychydig i'r dwyrain o'r Wyddgrug roedd hen gladdfa Bryn yr Ellyllon, ac yma y canfuwyd mantell aur ar sgerbwd dynol gan weithwyr o'r wyrcws lleol yn 1833. Rhwygwyd hi'n ddarnau a'i rhannu rhwng rhai o'r gweithwyr, ond cadwyd y darn mwyaf gan denant y tir a'i gwerthodd i'r Amgueddfa Brydeinig yn Llundain yn 1836. Drwy lwc, roedd y ficer lleol wedi cadw cofnod o le'r oedd ambell ddarn arall ac er bod y gladdfa, yr esgyrn a chreiriau eraill wedi'u colli, casglwyd digon o ddarnau i arbenigwyr ail-greu'r fantell a chanfod mai gwisg seremonïol i oedolyn ifanc oedd hi. Mae copi ohoni bellach yn cael ei arddangos yn yr amgueddfa yn yr Wyddgrug.

Mae'r fantell aur yn perthyn i'r Oes Efydd ac mae tua 4,000 o flynyddoedd oed. Roedd hi'n arferol i groniclwyr Lladinaidd ddarlunio'r Brythoniaid a'r hen bobloedd oedd yma cyn hynny fel anwariaid llwythol mewn crwyn bleiddiaid. Mae'r term 'Welsh warlords' yn cael ei ddefnyddio gan haneswyr Saesneg modern am dywysogion Cymreig yr Oesoedd Canol hyd yn oed. Mae mantell

gain Bryn yr Ellyllon yn adrodd stori wahanol. Lluniwyd hi o ingot maint pêl tennis bwrdd, medd yr arbenigwyr, a hynny gan grefftwyr soffistigedig fu'n ei churo a'i siapio a gweu addurniadau cywrain arni i ffitio ysgwyddau ifanc yn hollol berffaith. Mae'n tystio bod gwareiddiad datblygedig yn y Gororau mor gynnar â'r Oes Efydd. Roedd y diwylliant hwn yn cynnal masnach ar hyd arfordir gorllewinol Ewrop ac mae'n bosib bod y cyfoeth a wnaed o fwynglawdd copr cyntefig y Gogarth – ffynhonnell copr fwyaf y byd ar y pryd – yn rhan allweddol o'r gymdeithas ddinesig y mae tystiolaeth ohoni i'w gweld yn y fantell aur.

Mae tri maen hir yn cael eu galw yn 'Harold's Stones' yn Nhryleg, Mynwy. Maent yn sefyll dros 2 fetr o uchder ac mae cyfran sylweddol ohonynt o dan ddaear, gan bwyso sawl tunnell yr un. Roedd angen cryn dipyn o fôn braich i'w gosod yn eu lle 3–4,000 o flynyddoedd yn ôl yn ystod yr

1. Mantell Aur Bryn yr Ellyllon; 2. Meini Tryleg; 3. Llwybr halen y Celtiaid yn yr Heledd Ddu, swydd Gaer

Oes Efydd. Maent yn amlwg yn creu llinell ond ni wyddom bellach beth yw arwyddocâd cyfeiriad honno a'r pellter rhyngddynt. Mae dau 'haul' ar un ohonynt (cylchoedd fel gwaelod cwpan). Daw chwedlau i lenwi'r bylchau yn ein gwybodaeth. Cymeriad chwedlonol – cawr neu ddewin efallai – yn dwyn yr enw Jack o' Kent a'u taflodd yno, medd un stori. Coffáu Harold Godwinson a laddwyd ym Mrwydr Hastings maen nhw, medd stori arall.

Nid yw 'gwareiddiad' o reidrwydd yn golygu grym milwrol, canolog a byddinoedd yn ymosod ar sefydliadau eraill, eu gorchfygu, eu rheoli ac ecsbloetio'u heconomi. Nid oedd ymerodraeth o'r fath gan y llwythau Celtaidd, ond mae eu henwau lleoedd, creiriau cain eu gofaint a'u heurychiaid a'u celf mewn maen a llenyddiaeth i'w canfod ar draws Ewrop. Masnachwyr diwylliannol oedd y Celtiaid ac mae dolennau cudd yn dal i ddod i'r amlwg ar hyd glannau gorllewinol Ewrop. Mae gan y Ffrancwyr ddywediad am rywun sy'n canu'n uchel, llafar a hwyliog: 'Ti'n canu fel rhywun o Wlad y Basg!', sef dywediad cyfarwydd iawn gan Saeson am y Cymry.

Roedd cynnyrch daear Cymru yn amlwg yn y fasnach ar hyd glannau'r Iwerydd am filoedd o flynyddoedd cyn i'r Rhufeiniaid daro troed ar ynys Prydain. Roedd ffatrïoedd bwyeill cerrig yn Llŷn a Phenmaen-mawr yn Oes y Cerrig hyd yn oed; yna daeth copr, efydd, haearn ac aur. Canfuwyd potiau o halen o byllau halen gwastadeddau Caer ar hyd arfordir gorllewin Ewrop. Wrth iddynt gyrraedd ardal Dover yn OC 43, gwyddent fod celc dda o fwynau gwerthfawr o fewn eu gafael dim ond iddynt wthio draw tua'r gogledd-orllewin.

Y môr oedd priffyrdd y Celtiaid a'r bobloedd gynharach, ond rhwydwaith o ffyrdd oedd dull y Rhufeiniaid o reoli a meddiannu tiroedd. Persia oedd yr ymerodraeth fawr gyntaf i lywodraethu gwledydd drwy adeiladu ffyrdd ar gyfer cerbydau cyflym a symud llengoedd o filwyr yn ôl y galw. Dyma batrwm y Rhufeiniaid ym Mhrydain, ond mae'r Gororau yn ffin rhwng mathau gwahanol o ffyrdd a ddefnyddiwyd ac a adeiladwyd ganddynt ym Mhrydain. Ar hyd gwastadeddau dwyrain a de Lloegr, adeiladwyd ffyrdd unionsyth oedd yn aml wedi'u palmantu. Ar y Fosse Way i'r de o Gaerfaddon, roedd pum haen o sylfeini. Yng Nghymru, oherwydd natur fryniog y tir, dilynai'r Rhufeiniaid esgeiriau'r tir o fryn i fryn, o fwlch i fwlch, ac o ryd i ryd yn hytrach na cheisio cadw llinell unionsyth. Gro garw fyddai wynebau'r ffyrdd yng Nghymru, ac ni threuliwyd cymaint o amser yn paratoi'r sylfeini.

Roedd hen lwybr masnachol gan y Brythoniaid yn rhedeg o Gaer-gaint a phorthladdoedd yr ardal honno i safle Caerwrygion. Defnyddiodd y Rhufeiniaid hwnnw i ddod â'u llengoedd i'r gorllewin, ac yna cafodd ei balmantu a'i greu'n *strata* filwrol sydd bellach yn cael ei hadnabod fel Watling Street. Mae'r elfen 'Street', 'Stryt' neu 'Palmant' mewn enw lle yn aml yn dystiolaeth o ffordd Rufeinig, megis Croes-y-stryt, Pen-y-stryt a Phen-y-palmant yng

ngogledd-ddwyrain Cymru. Y Rhufeiniaid a ddaeth â'r enw 'pont' i Gymru hefyd ond nid yw pob pont yn un Rufeinig, wrth gwrs.

Ar hyd eu rhwydwaith ffyrdd, roedd y Rhufeiniaid yn codi ceyrydd unnos bob rhyw 18–20 milltir, sef taith diwrnod o gerdded i filwyr traed. Bob hyn a hyn, ceir caer fwy o faint ar gyfer presenoldeb milwrol cryfach. Yn Leintwardine, dewisodd y Rhufeiniaid godi caer unnos o fewn bryngaer Geltaidd (Brandon Camp) ac i fyny ac i lawr y Gororau mae olion nifer o'r rhain i'w canfod, a hefyd drefi a cheyrydd helaethach fel Ariconium (ger y Rhosan-ar-Wy), Lavobrinta (ger Forden Gaer, y Trallwng), Magnis (Kenchester) yn Nyffryn Gwy a Blestium (Trefynwy).

Ond nid gwlad hawdd ei threchu a'i meddiannu oedd hon. Bu Caradog a'r Silwriaid yn gwarchod y ffin ger glannau Gwy am wyth mlynedd yn erbyn llengoedd Rhufain. Drwy gydol y cyfnod Rhufeinig, ffyrdd a cheyrydd i'r fyddin oedd ganddynt yng Nghymru ac o'r tair lleng-gaer fawr oedd ganddynt ym Mhrydain, roedd dwy ohonynt ar y Gororau. Yng Nghaer a Chaerllion, roedd sefydliadau militaraidd enfawr. Erbyn OC 70 roedd 30,000 o filwyr Rhufeinig yng Nghymru a'r Gororau.

Olion Rhufeinig Caerwrygion ger Wroxeter

Dan adain eryr Rhufain

Roedd dwy adain gan eryr y Rhufeiniaid – adain filitaraidd galed a miniog ac adain ddinesig heddychlon a gwaraidd. Mae olion y ddwy adain i'w gweld ochr yn ochr ar hyd y Gororau. Ond y corff canolog oedd yn cadw'r ddwy adain at ei gilydd oedd diwydiant a masnach.

Oedd, roedd y sibrydion a glywsant yn wir – canfu'r Rhufeiniaid aur yng nghreigiau Cymru a'i weithio ar raddfa fawr yn Nolau Cothi ger Caerfyrddin. Cawsant gopr o'r hen weithfeydd ar y Gogarth uwch Llandudno. Roedd ganddynt drwyn am lwyddiannau'r Celtiaid ac roeddent yn eu meddiannu a'u defnyddio i fwydo grym eu hymerodraeth.

Y gaer Geltaidd ar fryn Llanymynech oedd y bedwaredd fwyaf ym Mhrydain. Mae'r maes golff wedi meddiannu darnau helaeth ohoni bellach ond dyma safle pwysig am galch, copr a phlwm sy'n dyddio'n ôl i'r Oes Efydd, yna i gyfnod y Celtiaid a'r Rhufeiniaid ar ôl hynny. Bu'r Rhufeiniaid yn cloddio am aur yno hefyd.

Gobannium oedd enw'r Rhufeiniaid ar y Fenni. Tre'r gofaint oedd ystyr hynny – deuai'r mwyn haearn yno o Fforest y Ddena i'w drin gan y crefftwyr yn offer ac arfau i'w llengoedd. Roedd ganddynt weithdai haearn yn Nhrefynwy hefyd. Agorodd y Rhufeiniaid fwyngloddiau sinc ac arian yng Nghymru, ond pan nad oedd y gweithfeydd hyn yn ymarferol nac yn creu elw, y patrwm oedd eu gadael a symud ymlaen.

Mynydd Helygain oedd un o'r ardaloedd pwysicaf ym Mhrydain o ran cloddio am blwm. O dan draed, mae dros 60 milltir o dwneli o fwynfeydd bellach. Y

Parc treftadaeth Fforest y Ddena

Celtiaid oedd y rhai cyntaf i weld gwerth y cyfoeth yma ac roedd yn gloddfa ry dda i Rufeiniaid dinas Caer beidio â'i hawlio i gael plwm at anghenion y ddinas, oedd â'i baddondy a'i systemau gwres canolog ei hun mewn rhai adeiladau. Enw gwreiddiol pentref Mwynglawdd uwch Wrecsam oedd Minera, sef y gair Lladin am fwyn. Plwm oedd y mwyn arbennig yn yr ardal honno, ac fel yr awgryma'r enw Lladin, y Rhufeiniaid fu'n ei gloddio yma ar gyfer toeau a phibelli eu dinas yng Nghaer. Yn Holt, ger Wrecsam, darganfu'r Rhufeiniaid wely clai gyda'r gorau yn Ewrop ar gyfer creu crochenwaith, pibellau a theils ar gyfer y ddinas newydd.

Gardd Rufeinig dinas Caer

Câi'r milwyr Rhufeinig gyfran o'u cyflog mewn halen – trysor gwerthfawr bryd hynny i gadw bwyd ac i gynnal nerth ac iechyd y corff ar dywydd poeth. Fu'r llengoedd fawr o dro yn elwa ar byllau halen ardal yr Heledd Ddu, Middlewich a'r Heled Wen – y Brythoniaid a'r caethweision oedd yn tyllu; y Rhufeiniaid oedd yn rheoli ac yn cael yr enillion. Troi concwest filitaraidd yn ddiwydiannau er budd yr ymerodraeth – efallai mai dan awdurdod Rhufain y gwelwyd hynny'n digwydd am y tro cyntaf ar hyd Cymru a'r Gororau, ond nid dyna'r ymerodraeth olaf i weithredu yn yr un modd yno chwaith.

Mae cerdded ar hyd olion barics Caerllion a dychmygu'r dyrfa'n ubain am waed yn yr amffitheatr yno ar ddyddiau gŵyl yn dod â'r presenoldeb milwrol hwn yn fyw hyd heddiw. Ni thyfodd hon yn ddinas sylweddol fel Caer; y fyddin oedd yn teyrnasu yma, ond dyma safle milwrol pwysicaf y Rhufeiniaid ym Mhrydain am 200 mlynedd.

Codwyd caer bren a phridd yno tua OC 76 wrth i'r llengoedd ddechrau gwthio'r Silwriaid yn ôl o wastadeddau Gwy ac Wysg. Yn OC 90, dechreuwyd adeiladu'r ganolfan mewn carreg. Mae yno olion chwe chant o ystafelloedd cysgu yn y barics ac roedd wyth milwr yn cysgu ym mhob un ohonynt. Caerllion yw'r unig le yng ngogledd Ewrop lle mae olion barics wedi'u datgelu fel hyn. Yno hefyd mae modd gweld pwll nofio sy'n cyfateb i faint pwll Olympaidd.

Mae darnau o'r hen ddinas Rufeinig i'w gweld yma ac acw yn ninas Caer ar lannau afon Dyfrdwy. Yn y 'Roman Gardens' aed ati i grynhoi meini, cerrig beddau, darnau mosaic a cholofnau Rhufeinig o fannau eraill yn y ddinas. Mae'n amgueddfa awyr agored braf, er nad yw'n hŷn nag 1950. Mae meini nadd nobl y Lladinwyr yn sylfaen i sawl mur yma; daeth y Sacsoniaid â'u rwbel ar ben y rheiny ac yna rhoddodd y Normaniaid haenau pellach o gerrig castellog i'w cloi. Hyd yn oed mewn adeiladau 'newydd', mae llawer wedi'i ddwyn o waliau cynharach. Amcangyfrifir fod 7,500 tunnell o feini tywodfaen nadd yn adeilad y baddondy Rhufeinig yn unig.

Yn yr atyniad Deva Roman Experience, mae apêl at y ffroen a'r glust yn ogystal â'r llygad. Rhoddir pwyslais ar fod yn rhan o'r hanes – gellir gwisgo dillad milwr Rhufeinig a mynd ar batrôl o amgylch y ddinas, neu grwydro ailgread o strydoedd Rhufeinig neu fod yn rhan o dîm o archaeolegwyr. Neu beth am godi'r tarianau a chreu *testudo*, y math o 'grwban' milwrol a ddefnyddiwyd i gerdded i fyny'r llechweddau i drechu bryngaerau'r Celtiaid a byddin Caradog ym mrwydr fawr olaf y Celtiaid yng Nghymru?

Roedd lleng gyfan (5,000 o filwyr) yn Viroconium (Wroxeter) i'r de o Amwythig yn wreiddiol hefyd, ond tyfodd hon i fod yn ddinas sifil – y bedwaredd fwyaf ym Mhrydain. Mae'r safle'n hollol wledig erbyn hyn, ond mae'r olion lluosog a rhyfeddol yn rhoi argraff dda o sut ddinas oedd yma ar lan rhyd afon Hafren. Roedd

Olion tref Rufeinig Caer-went

6,000 o bobl yn byw ynddi, ac mae olion marchnad wartheg a marchnad ddinesig helaeth yma, ynghyd ag olion cronfa ddŵr, stad ddiwydiannol a strydoedd o grefftwyr a masnachwyr. Wedi i eryr Rhufain adael, bu'r Brythoniaid yn byw yma mewn adeiladau o fframiau pren wedi'u gwyngalchu nes iddynt gael eu llosgi gan ymosodiad gan y Sacsoniaid yn y 6ed ganrif.

Erbyn OC 120, roedd teyrnas y Silwriaid yng Ngwent yn ddigon heddychlon i'r Rhufeiniaid sefydlu Venta Silurum, sef dinas sifil a elwir yn Gaerwent heddiw. Hon oedd prifddinas

de-ddwyrain Cymru ac er mai pentref heddychlon sydd yma heddiw, mae cerdded y muriau a galw heibio'r siopau a'r temlau yn creu argraff fyw o'r ddinas o 3,000 o bobl oedd yno hyd ddechrau'r 4edd ganrif.

Yng Nghaer, roedd dau Americanwr yn sgwrsio gyda dau 'filwr' Rhufeinig proffesiynol o flaen y ganolfan ymwelwyr: 'So, some of the Romans stayed on here and became Brits?' Y 'Brits', wrth gwrs, yw'r bobl hynny a greodd yr Ymerodraeth Brydeinig o tua 1700 ymlaen. Mae'n bosib yn wir fod gwaed Rhufeinig mewn rhai 'Brits' erbyn hynny, ond cyn hynny y Cymry a phobl Cernyw a Dyfnaint a oroesodd gyfnod eryr Rhufain oedd etifeddion tiroedd yr ymerodraeth honno ym Mhrydain, ac ymhen canrif neu ddwy byddent yn gwrthsefyll ymosodiadau'r llwythau Germanaidd hefyd yma ar y Gororau.

Y baddon Rhufeinig yng Nghaerllion

Llwyfandir uwch aberoedd Gwy a Hafren ydi Fforest y Ddena, yn cynnwys yr ardal goediog rhwng Lydbrook, Parkend, Coleford a Cinderford. Mae gan y brodorion hawliau pori a hawliau codi mwynau o'r ddaear o hyd ac er mai eiddo'r goron yw'r goedwig, mae'r bobl yno yn enwog am eu hysbryd annibynnol. Dyma dir lle mae Cymru a Lloegr yn uno ac yn gwahanu.

Er mai hawliau hela oedd prif ddiddordeb y goron yn y goedwig, mae hon wedi bod yn ardal ddiwydiannol ers oes y Rhufeiniaid a chyn hynny. Mae gwythiennau o haearn a glo yn y creigiau a bu coedwiga a chynhyrchu siarcol yn ddiwydiannau pwysig yma. Wrth grwydro ar hyd y llwybrau cerdded, y ffyrdd beics a'r hen reilffyrdd cario mwynau sy'n we pry cop rhwng y coed, mae'r cyfuniad o olion diwydiannol, tai mwyngloddwyr a harddwch y coed cynhenid yn creu cymeriad unigryw.

Fel y gwelsom, cludai'r Rhufeiniaid yr haearn o Fforest y Ddena i dre'r gofaint, y Fenni, ac i Drefynwy, i'r gweithdai arfau yno. Llaw haearn yw dull pob ymerodraeth

o'i sefydlu'i hun. Mae'r bont sydd i'w chroesi i ymweld â Threfynwy heddiw yn un garreg ac mae'n gaerog – yr unig enghraifft o bont ganoloesol gastellog sydd wedi goroesi drwy wledydd Prydain. Ymerodraeth y Normaniaid a gododd y bont ac mae siarteri'r dref o'r cyfnod hwnnw hefyd yn cyfeirio at weithfeydd haearn a gefeiliau pwysig y dref. Taflwyd y lludw ohonynt yr ochr draw i'r afon a dyna darddiad Cinderhill Street.

Yn Fforest y Ddena, sylweddolodd y Normaniaid yn gynnar fod yn rhaid cael trefn gadwraeth os oedd ei hadnoddau am barhau i fod yn werthfawr. Crëwyd rheolau cadarn ynglŷn â thorri coed a datblygu'r mwynfeydd haearn a'r glofeydd yno, gan benodi cwnstabliaid castell St Briavels yn wardeiniaid.

Daeth y goedwig yn ganolfan bwysig i greu arfau. Byddai'r teulu Malemort yn St Briavels yn enwog am eu bolltau bwa croes gyda sawl cenhedlaeth yn eu hallforio i'r Alban a'r Cyfandir. Yn ddiweddarach, datblygwyd diwydiannau creu hoelion,

Pont gaerog Trefynwy

pinnau, siot a chanonau yno. Dechreuwyd codi glo yn y goedwig yn y 13eg ganrif a thyfodd 'Mwynwyr Rhydd Fforest y Ddena' yn garfan bwerus gyda'u hawliau a'u cyfreithiau eu hunain o 1300 ymlaen.

Roedd ceirw'r goedwig yn cael eu potsio i ateb galwadau dinas Bryste ac roedd y coed yn ddefnyddiol i'r diwydiant llongau yno. Cystal oedd enw'r pren ymysg seiri llongau nes bod meistri Armada Sbaen yn 1588 wedi edrych ymlaen at drechu'r Saeson a chwympo holl goed Fforest y Ddena.

Wrth i alwadau cynyddol lyncu mwy a mwy o adnoddau'r goedwig, pasiwyd deddf seneddol yn 1656 i warchod ei choed. Ailblannwyd mewn da bryd cyn y Chwyldro Diwydiannol, tociwyd hawliau torri a phenodwyd ceidwaid i'w rheoli. Datblygwyd diwydiant yn ofalus yno, a chadwyd yr elfen goediog, werdd sydd i'r ardal sy'n rhoi cymaint o fwynhad i ymwelwyr heddiw. Mae'n rhyfedd cerdded ei llwybrau a meddwl bod cymoedd diwydiannol de Cymru wedi edrych fel hynny ar un adeg!

Wrth i'r Ymerodraeth Brydeinig godi stêm, roedd y galw am ganonau a gynnau i drechu gwledydd y gwaywffyn a'r tarianau crwyn ledled y byd yn golygu bod yn rhaid

chwyldroi'r dulliau o gynhyrchu haearn a dur. Unwaith eto, roedd cyfoeth y mwynau yn naear Cymru a'r Gororau yn denu'r datblygiadau mawr.

Yn 1753 daeth Isaac Wilkinson o ogledd Lloegr i dderbyn prydles ar ffwrnais Bersham oedd yn defnyddio haearn a glo lleol ers rhyw ugain mlynedd. Ymunodd John, ei fab, ag ef ymhen deng mlynedd a datblygodd y gwaith yn un o weithdai dur mwyaf Ewrop, yn cyflenwi prif fyddinoedd y Cyfandir â gynnau mawr yn ystod ail hanner y 18fed ganrif. Adeiladwyd y ffwrnais haearn gyntaf i losgi golosg yn Sirhywi yn 1778. Ddeng mlynedd yn ddiweddarach dechreuodd y mewnlifiad mawr o weithwyr o Loegr i Lynebwy a

Traphont Pontcysyllte

Blaenafon lle'r oedd y glo yn agos at yr wyneb, a digon o haearn crai a charreg galch.

Roedd galw am bontydd a rheilffyrdd i dynnu nwyddau a mwynau o bedwar ban byd i fwydo peirianwaith enfawr yr Ymerodraeth Brydeinig. Mae enghreifftiau o'r grefft gynnar o godi pontydd haearn i'w gweld ar afonydd a chamlesi'r Gororau. O haearn bwrw y gwnaed yr hen bont dros afon Gwy yng Nghas-gwent. Hi yw'r bont ffordd fwa haearn bwrw fwyaf o'i chyfnod yn y byd erbyn hyn. Castiwyd y bwâu yn ffowndri Hazeldine-Rastrick yn swydd Amwythig.

Traphont Pontcysyllte yw'r fwyaf o'i bath ym Mhrydain ac fe'i defnyddiwyd i

Traphont Llanymynech

gyflenwi dŵr o fryniau Cymru i rwydwaith camlesi swydd Amwythig. Campwaith Telford yw'r bont ddŵr ddramatig hon ym Mhontcysyllte – 1,007 o droedfeddi ar draws y dyffryn, 19 bwa yn codi i uchder o 126 troedfedd i gludo'r gamlas mewn cafn o haearn bwrw. Mae'n un o Safleoedd Treftadaeth y Byd ers 2009. Cost y cyfan ar y pryd oedd £47,000 ac mae coel leol bod y morter rhwng cerrig y pileri wedi'i gryfhau drwy gymysgu gwlanen Gymreig a gwaed tarw!

Mae gwers mewn 'gwerth am arian' ymhellach draw ar hyd y rhwydwaith camlesi. Cyn cyrraedd Llanymynech, penderfynwyd gwrthod cynllun Telford am bont ddŵr arall fyddai'n cario camlas Maldwyn dros afon Efyrnwy yn y Bontnewydd. Aed am gynllun rhatach gan John Dadford gan hepgor y cafn haearn bwrw. Disgynnodd y bont gyntaf yn 1796. Ugain mlynedd ar ôl ei hailgodi, roedd yn gollwng dŵr mor ddrwg nes bod rhaid ailweithio'r clai a rhoi ffyn haearn drwy'r bont garreg i glymu'r ochrau. Mae yno hyd heddiw, ond yn cael ei dal at ei gilydd gyda phowltiau a phlatiau dur anferthol.

Haearn trwm a haearn cain

Trechu, godro'r ddaear a defnyddio'r doniau dynol, ac yna gadael ydi trefn ymerodraeth ddiwydiannol. Mae digon o olion hen ddiwydiannau ar y Gororau i ategu hynny.

Mae Blaenafon ym Mlaenau Gwent yn un o Safleoedd Treftadaeth y Byd gan UNESCO, yn un o'r naw ardal ddiwydiannol bwysicaf yn hanes y ddaear. Mae'r dehongli a'r profiadau a gawn yno heddiw yn unigryw – o blymio i ddyfnderoedd y Big Pit i ymweld â'r hen ffwrneisi haearn. Pan ddaeth y prysurdeb i ben, gadawyd y llanast a'r llygredd fel yr oedd – doedd neb am drafferthu i'w glirio. Erbyn heddiw, mae hynny'n werthfawr dros ben i bawb sydd â diddordeb mewn treftadaeth, wrth gwrs, ond yn bortread hefyd o ddihidrwydd y grymoedd mawrion unwaith mae'r geiniog olaf wedi'i gwasgu o'r gwaith.

Ar Fynydd Treffynnon a Mynydd Helygain heddiw mae olion un arall o safleoedd cynnar y Chwyldro Diwydiannol. Mae'r tirlun yn frith o fân dyllau a thomenni ac mae rhai chwareli calch yn dal i gael eu gweithio yma. Parhawyd i dynnu plwm o'r ddaear ar Fynydd Helygain hyd 1958. Ar hyd y mynydd heddiw mae olion odynau calch 1879–1914, rhai ohonynt wedi'u hadfer yn 2016. Byddai'r calchfaen lleol yn cael ei losgi ar wres hyd at 1000°C am ddiwrnodau, gyda mwy o galch a glo'n cael eu hychwanegu mewn haenau i'r odynau. Aed â chalch heidrolig (sy'n caledu dan ddŵr) o Helygain i adeiladu dociau Lerpwl a Birkenhead a phontydd Menai a Runcorn. Ond cyn hynny, roedd dyfeiswyr concrid – sef y Rhufeiniaid – yn ei gario i ddinas Caer. Wrth sefyll ar y mynydd heddiw, rydym yn sefyll ar grud y Chwyldro Diwydiannol.

Yn 1709, dyfeisiwyd dull o smeltio mwyn haearn drwy ddefnyddio golosg yn hytrach na siarcol yn Coalbrookdale, swydd Amwythig. Ddeuddeng mlynedd yn ddiweddarach, sefydlwyd gwaith haearn yn y Bers yn ymyl Wrecsam gan ddefnyddio'r un system – y lle cyntaf yng Nghymru i wneud hynny. Chwyldrodd hynny'r galw

Giatiau haearn Robert Davies wrth eglwys Wrecsam

am lo, a dyma ddeffro un o'r diwydiannau mawr hynny sydd bellach wedi gadael cymoedd di-waith a thiroedd creithiog ar ei ôl yng ngogledd-ddwyrain Cymru ac ar draws maes glo de Cymru.

Daeth gwaith y Bers i ddwylo'r teulu Wilkinson yn 1753, ac yna datblygwyd haearn a glo ar stad Brymbo ganddynt. Yn yr ardal honno yr oedd efail Robert Davies a'i ddau frawd oedd yn enwog am eu giatiau haearn addurniedig. Mae nifer o'r giatiau i'w gweld yng ngogledd y Gororau o hyd, yn gwarchod mynedfeydd i blastai a godwyd gyda chyfoeth y diwydiannau newydd.

Yn efail fechan Croes-foel, lluniodd Robert Davies rai o'r giatiau haearn gyr mwyaf cain yn Ewrop. Crefftwr mewn celfyddyd oedd yn machlud yn ystod ei oes ei hun oedd o, er hynny, yn gweithio yn ystod adferiad byr i'r awydd am giatiau mawr addurniedig ar ddechrau'r 18fed ganrif. Yn eironig iawn, bu'r datblygiadau yn y broses o gynhyrchu haearn bwrw yn sir y Fflint yn allweddol i roi celfyddyd Robert Davies o'r neilltu.

Cyn diwedd y cyfnod hwnnw, fodd bynnag, roedd Robert Davies – gyda chymorth ei frawd iau, John – wedi cwblhau giatiau castell y Waun (1717–19) ac Eaton Hall (1720), gan fynd ymlaen i lunio rhai i neuadd Leeswood (1726) ac eglwysi Hanmer a Chroesoswallt (1720au).

Yn eglwys St Giles, Wrecsam, lluniwyd y giatiau i'r fynwent gan Robert Davies (1720). Oddi fewn i'r eglwys honno hefyd mae rheiliau lloc y côr a giatiau'r gangell yn cael eu priodoli i Hugh Davies, tad y brodyr (diwedd yr 17eg ganrif). Erbyn hynny roedd yr hen sgriniau pren canoloesol oedd yn gwahanu'r gangell oddi wrth y corff mewn nifer o eglwysi Cymreig wedi cael eu dinistrio mewn llawer man. Mae'n syndod, fodd bynnag, cynifer o'r hen sgriniau pren sydd wedi goroesi yn eglwysi seintiau'r Eglwys Geltaidd gynnar ar hyd y Gororau.

1. *Olion y ffwrneisi ar Fynydd Helygain;*
2. *Gwaith haearn Blaenafon;*
3. *Hen waith haearn y Bers*

Seintiau a phaganiaid

Wrth droed Mynydd Du Brycheiniog ond o fewn ergyd carreg i Fryn Du swydd Henffordd, mae eglwys yn Lloegr sydd wedi'i chysegru i sant Cymreig. Adeilad syml mewn cae gwledig yw'r un yn 'Llanveynoe', a'r tu mewn mae delwedd o'r Grog wedi'i cherfio ar faen sy'n dyddio'n ôl i'r 9fed neu'r 10fed ganrif. Mae'n hawdd i Gymro adnabod y 'llan' yn enw'r lle ac nid yw'n anodd wedyn canfod mai i 'Feuno' mae'r diolch bod sefydliad Cristnogol yno. Dywedir iddo sefydlu eglwysi'r Fenni a Machen yn ogystal, er nad yw'r rheiny'n dwyn ei enw bellach.

Rhwng ffin bresennol Cymru ac afon Gwy i'r de o Henffordd, roedd dwy deyrnas Gymreig – Ergin (i'r dwyrain o'r ffordd o Bontrilas i Henffordd) ac Ewias (i'r gorllewin ohoni). At deulu un o'i ferched yn yr ardaloedd hyn y daeth Owain Glyndŵr am loches yn ei flynyddoedd olaf – fel y dangosodd Gruffydd Aled Williams yn ei gyfrol ysbrydoledig, *Dyddiau Olaf Owain Glyndŵr*. Maent yn rhan o hanes Cymru ac roedd y Gymraeg yn dal yn gryf yma yn oes y Tuduriaid.

Yn y 5ed ganrif, Peibio oedd enw'r brenin Cymreig yma ac roedd ganddo ferch o'r enw Efrddyl, a phan ddychwelodd o'i helfa i'w lys yn Madley, gofynnodd iddi gribo'i wallt. Dyna pryd y sylwodd ei bod yn feichiog ac yn ei dymer, gorchmynnodd ei bod yn cael ei rhoi mewn sach a'i thaflu i ddyfroedd Gwy. Gwnaed hynny deirgwaith ond cododd y sach i'r wyneb bob tro. 'Llosgwch hi!' gorchmynnodd Peibio a thaflwyd hi ar goelcerth, ond yn y lludw drannoeth canfuwyd hi'n iach yn magu mab ar ei bron, sef Dyfrig ('baban y dwfr'). Yn y llys, maddeuodd ei thad i'w ferch wrth weld y bychan a daeth Dyfrig yn ysgolhaig, sant ac esgob. Yn ôl Sieffre o Fynwy, Dyfrig goronodd Arthur yn frenin yn Cirencester. Enciliodd i Enlli lle bu farw yn 550 ond dychwelwyd ei esgyrn i Landaf

Eglwys Beuno, Llanfeuno

yn 1120 a daeth saith wythnos o sychder i ben yno yr un pryd. Bu maen er cof iddo yn Madley. Diflannodd hwnnw, ond tybir bod y groes yn y fynwent wedi'i chodi yn ei le.

Mae'r cyfeiriadau cyntaf at Gristnogion yng Nghymru a'r Gororau yn deillio o'r trefi Rhufeinig yn y 4edd ganrif, ond wedi cwymp yr ymerodraeth honno, ailagorodd yr hen ffyrdd masnach ar hyd arfordir moroedd y gorllewin. Y gwledydd Celtaidd a Môr y Canoldir oedd y dylanwadau ar yr eglwys gynnar yma. Diwylliant yr Eglwys Geltaidd oedd bod yn agos at natur, yn fynachaidd yn hytrach nag yn esgobol ac yn llannau annibynnol yn hytrach na phlygu i awdurdod canolog. Doedd hyn, fel y gellid tybio, ddim yn plesio Eglwys Rufain, a daeth y ddau draddodiad benben â'i gilydd pan anfonwyd y mynach Awstin gan Bab Rhufain i geisio troi'r Eingl-Sacsoniaid at Gristnogaeth yn 597. Awstin oedd yr archesgob cyntaf yng Nghaer-gaint a rhwng 601 a 686, trowyd y paganiaid yn Lloegr.

Wrth berswadio penaethiaid y Cymry a'r Celtiaid eraill i droi'n Gristnogion, roedd y seintiau cynnar wedi mabwysiadu llecynnau ysbrydol yr hen bobl a'u cymhwyso i grefydd Crist. Trowyd hen faen hir yn garreg sanctaidd; meddiannwyd ambell gylch crwn o gerrig a chreu llan yno a fyddai mewn amser yn eglwys a wal gron i fynwent. Mae nifer o safleoedd crefyddol ar y Gororau dros fil o flynyddoedd yn hŷn na Christnogaeth.

Mae cyfartaledd uchel o fynwentydd

Croes Dyfrig yn Madley

Eglwys Patrisio

crwn ym Maesyfed, ac un dull oedd gan y seintiau o 'foderneiddio' yr hen ffydd oedd croesawu cylchoedd cerrig gan ddatgan nad oedd y rheiny yn cynnig cornel i'r diafol guddio ynddi. Mae eglwys Pencraig ar fryncyn a allai'n hawdd fod yn gladdfa gynoesol. Mae cloddfeydd Oes Efydd amlwg dan dyrau Bleddfa a Llansanffraid-yn-Elfael ac mae eglwys Llanfihangel Nant Melan o fewn hen gylch o feini cyntefig.

Byddai'r gwrthdaro rhwng hen baganiaeth y duwiau Celtaidd a'r grefydd newydd yn un corfforol weithiau ac roedd angen nerth bôn braich yn ogystal â chryfder eu ffydd ar y seintiau cynnar. Ar lethrau'r Grwyne Fechan yn y Mynydd Du mae eglwys hynafol a hynod hardd Patrisio. Daeth sant o'r enw Isio yno i gael heddwch i fyfyrio a chodi cell ar lan afon Mair. Yno'n ei wylio roedd Ithel Grach, un o'r brodorion. Fel yr oedd Isio'n gorffen codi'i gell o gerrig garw, cafodd ei ladd gan gyllell Ithel a dygwyd ei gloch a'i ffon arian. Codwyd yr eglwys yn ddiweddarach i gofio am y merthyr Isio. Mae'r lôn fach gul yn gweu rhwng ei chloddiau i fyny'r cwm i gyrraedd yr hen eglwys heddiw. Methodd Cromwell a'i fandaliaid ddod o hyd iddi er mwyn malu ei chroes a'i sgrin dderw gerfiedig a chwalu ei phaentiadau hynod. Oherwydd hynny, mae cyfle o hyd i ninnau chwilio amdani yn ein dyddiau ni.

Weithiau, byddai pwerau goruwchnaturiol y seintiau yn drech na grym yr hen baganiaid Celtaidd. Dyna ichi hanes Beuno Sant a Gwenfrewi sy'n gysylltiedig â'r ffynnon yn Nhreffynnon, sy'n dal i fod yn dynfa fawr i bererinion. Roedd Gwenfrewi ddiwair wedi cysegru'i hun i weithredoedd caredig a bywyd sanctaidd ond roedd y brenin nwydwyllt lleol – Caradog – yn ceisio cael ei fachau arni. Aeth i'w chartref yn Nhreffynnon a chythru amdani. Dihangodd hithau o'i flaen i ben bryn uwch yr eglwys lle'r oedd ei hewythr, Beuno Sant, yn pregethu ar y pryd. Pan gafodd y pagan garw ei wrthod unwaith eto, tynnodd ei gleddyf a thorrodd ei phen gydag un ergyd. Powliodd y pen i lawr i'r pant a tharddodd ffynnon ddwyfol oddi tano. Daeth Beuno o'i eglwys gan alw am gymorth i ddelio â'r pagan oedd bellach yn sychu'r gwaed oddi ar ei gleddyf. Agorodd y ddaear a llyncwyd Caradog i ebargofiant. Cododd Beuno'r pen a'i osod yn ôl ar ysgwyddau Gwenfrewi a gyda'r grym dwyfol a lifai trwyddo, asiodd y pen, adferwyd bywyd yr eneth a bu fyw am bymtheng mlynedd arall. Ymneilltuodd i gell unig yng Ngwytherin, uwch Dyffryn Conwy, ac yno y cafodd ei chladdu ar ddiwedd ei hoes. Ond mwy am hynny pan ddown i gyfarfod â'r Normaniaid.

Er bod Dewi, nawddsant Cymru, â'i wreiddiau ymhell draw yn ne-orllewin y wlad, mae'i ddylanwad i'w deimlo'n gryf ar y Gororau. Roedd Glasgwm, Cregrina a Rhulen yn dair o'i brif eglwysi ac yn gymdeithasau a sefydlwyd ganddo'n bersonol. Mae pum eglwys arall wedi'u cysegru iddo ym Maesyfed yn unig a nifer o rai eraill sydd bellach o fewn ffiniau swydd Henffordd, yn Little Dewchurch, Much Dewchurch a Llanddewi Cil Peddeg.

Yn ôl Gerallt Gymro, roedd grym

Eglwys Dewi, Llanddewi Cil Peddeg

Eglwys Rhulen, Maesyfed

goruwchnaturiol yn perthyn i gloch Dewi yn eglwys Glasgwm. Er mwyn rhyddhau ei gŵr o garchar Rhaeadr Gwy, aeth ei wraig â'r gloch hon yr holl ffordd yno. Cafodd ei chais ei wrthod yn swta gan geidwaid y castell. Nid yn unig hynny, bachwyd y gloch oddi arni a'i hel ymaith. Y noson honno, dyma Dewi a Duw yn dial gan losgi'r dref gyfan i'r llawr. Y cyfan oni bai am un wal – y wal y crogwyd y gloch arni.

Wedi'r holl helbulon a gafwyd i gymhwyso paganiaeth y Celtiaid i'r ffydd Gristnogol, doedd dim syndod nad oedd gan y seintiau Cymreig lawer o stumog at geisio diwyllio'r Eingl-Sacsoniaid pan ddaeth yr heidiau hynny i ymsefydlu yn nwyrain ynys Prydain. Mae hanes Beuno Sant yn troi ei gefn arnynt yn y Gororau yn darlunio hyn yn berffaith.

Mae'n bosib mai un o dalaith Ewias oedd Beuno ond yn ddiweddarach, symudodd i'r gogledd i Aberriw ym Mhowys. Aeth ei enw ar led fel pregethwr grymus a chofnodwyd y llecyn ar lan afon Hafren lle pregethai wrth ei gynulleidfa drwy osod carreg fawr yno. Dyma'r Maen Beuno sydd i'w weld bellach wrth lwybr y fynwent yn eglwys Aberriw. Rhoddodd pennaeth lleol dir iddo a chododd gelloedd mynachaidd yno. Ond wrth gerdded ar lan

Maen Beuno o flaen eglwys Aberriw

yr afon un bore, clywodd haid o gŵn hela yn cyfarth yr ochr draw i'r lli a chriw o helwyr yn gweiddi arnynt mewn iaith ddieithr. Sylweddolodd fod y paganiaid Sacsonaidd wedi cyrraedd mor bell i'r gorllewin â hynny. Brysiodd yn ôl i'r llan gan ddweud wrth y mynaich am hel eu pethau a bod yn rhaid iddynt ddianc o flaen y llwythau oedd wedi cyrraedd i oresgyn eu tiroedd.

Mudodd Beuno a'i fynachod i Feirion ac yna i Glynnog Fawr lle sefydlodd eglwys a chlas eglwysig o bwys. Yno y bu farw ar ôl sefydlu nifer o eglwysi yn Llŷn a gorllewin Môn.

Arthur y Gororau

Yn y gwrthdaro a fu wedi i'r Rhufeiniaid adael Prydain ar ddechrau'r 5ed ganrif, mae'r seintiau a'r mynaich Cymreig yn ymyrryd yn aml. Daeth Iddon, brenin Gwent, at Teilo Sant a'i rybuddio bod y Sacsoniaid yn goresgyn y wlad. Teithiodd y ddau i Landeilo Croes Iddon a sefyll ar ben bryn lle'r oedd byddin Iddon yn cadw gwyliadwriaeth. Plannodd Teilo ei groes yn y ddaear a gweddïo ar Dduw i warchod ei bobl. Chwalwyd y Sacsoniaid yn y frwydr a rhoddodd Iddon y tir i'r sant godi eglwys yno.

Tua 429, arweiniodd Garmon Sant y Cymry i fuddugoliaeth yn erbyn y Pictiaid paganaidd drwy guddio ei fyddin y tu ôl i lwyni ym Maes Garmon ger yr Wyddgrug a gweiddi 'Haleliwia!' wrth i'r gelyn gyrraedd. Atseiniodd y waedd o amgylch y creigiau nes rhoi'r argraff fod miloedd yno yn udo am eu gwaed. Rhedodd y Pictiaid i ffwrdd. Cyn brwydr arall, mae stori bod Dewi Sant wedi annog y fyddin Gymreig i wisgo cenhinen o gae cyfagos yn eu capiau. Drwy hynny gallent adnabod pwy oedd yn gyfaill a phwy oedd y gelyn. Y Cymry a drechodd y Saeson yn y frwydr honno a

daeth y genhinen yn llysieuyn cenedlaethol.

Wedi colli cadernid presenoldeb llengoedd Rhufain, daeth tir y Cymry dan ymosodiadau gan y Gwyddelod o'r gorllewin, y Pictiaid o'r gogledd a'r Germaniaid – y Sacsoniaid, y Jiwtiaid, yr Eingl a'r Ffrieslanwyr – o ogledd Ewrop. Ymysg pethau eraill, roedd cyfoeth y metelau oedd wedi'u hallforio ar draws Ewrop yn denu lladron a gwladychwyr newydd.

Yn ôl *Historia Brittonum*, Nennius, llogodd y Brenin Gwrtheyrn (Vortigern) filwyr o Ffriesland i warchod Llundain rhag y Pictiaid. Yn eu tro aeth y rheiny'n farus ac yn rhy luosog, ac erbyn ail hanner y 5ed ganrif roedd gan y Germaniaid droedle sicr yn ne-ddwyrain Lloegr a dyffryn Tafwys. Yn fuan, roeddent yn ymledu ar draws gwastatiroedd de Lloegr tua'r gorllewin ac yn bygwth y Cymry a'r Cernywiaid.

Dyna pryd y cododd arweinydd nerthol i atal ymlediad yr Eingl-Sacsoniaid, fel y caent eu galw erbyn hynny. Dan arweiniad Arthur, ymladdodd Cymry a Chernywiaid y gorllewin ddeuddeg brwydr yn erbyn y Sacsoniaid a'u trechu bob tro. Mae Nennius, yn y 9fed ganrif, yn enwi'r

deuddeg brwydr ac mae Gildas, mynach o'r 6ed ganrif, hefyd yn enwi'r un fawr olaf, sef brwydr Mynydd Baddon (*c.* 496). Ar ôl hynny, ataliwyd ymlediad y Sacsoniaid a chafwyd hanner can mlynedd o heddwch rhag eu hymosodiadau. Nid yn annisgwyl, nid yw'r *Anglo-Saxon Chronicle* yn cyfeirio at Arthur na'r deuddeg brwydr a gollwyd, ond mae'r ddogfen honno, hyd yn oed, yn dangos fod cyfnod maith o heddwch rhwng 500 a 550, sef y cyfnod ar ôl i Arthur eu trechu.

Erbyn hyn, mae haneswyr meysydd brwydrau (ac mae llawer o ddadlau o hyd) yn medru lleoli nifer o blith deuddeg brwydr Arthur yn y Gororau. Yn yr ardal hon hefyd – yn Nhrefynwy – yr oedd y mynach a roddodd inni fersiwn lawnach o stori Arthur a ymledodd ar draws Ewrop, ac yn y diwedd ei wneud yn arwr ar draws y byd.

Ym mhen uchaf Trefynwy, mae hen briordy a'i gefn at eglwys y plwyf. Ar wyneb yr adeilad mae ffenest fawreddog ei phensaernïaeth sy'n dwyn yr enw 'Ffenest Sieffre'. Wrth y ffenest honno, yn edrych dros Ddyffryn Mynwy a'r Mynydd Du ar y gorwel, yr ysgrifennodd Sieffre o Fynwy *Historia Regum Britanniae* ('Hanes Brenhinoedd Prydain') tua 1136.

Disgrifir Emrys yn lladd Gwrtheyrn gan ddod yn frenin Prydain. Gwenwynir Emrys yn ei dro a gwêl y dewin Myrddin gomed ar ddelw pen draig yn y ffurfafen. Dyma'r arwydd, meddai, i Uthr (brawd Emrys) ddod yn frenin a chaiff ei adnabod wedi hynny fel Uthr Bendragon.

Drwy hud Myrddin, genir Arthur yn fab i Uthr a brenhines Cernyw. Pan leddir Uthr, coronir Arthur yn llanc pymtheg oed yn frenin ar y deyrnas gan Dyfrig Sant. Mae Arthur, gyda'i osgordd o farchogion medrus, yn trechu'r Sacsoniaid cyn goresgyn Ewrop a chael llwyddiannau yno yn ogystal. Pan ddychwel adref, mae ei nai Medrawd wedi cipio'i wraig Gwenhwyfar a'i orsedd ac yn y frwydr fawr rhwng y ddau, lleddir Medrawd a chlwyfir Arthur yn angheuol. Cilia i Ynys Afallon ac mae'r Sacsoniaid yn dychwelyd i Brydain.

Oherwydd ei enw, tybir mai Cymro o Drefynwy, neu Lydäwr a anwyd yno, oedd Sieffre. Mae'n debygol ei fod wedi'i addysgu ym mhriordy'r dref ac yn 1152, cafodd ei wneud yn Esgob Llanelwy – ond mae'n debyg nad ymwelodd â'r esgobaeth erioed.

1. *'Ffenest Sieffre' ym mhriordy Trefynwy;*
2.. *Caerllion – 'Dôl Arthur' yn ôl traddodiad;*
3. *Caer Cnwclas*

Wrth adrodd yr hanesion hyn, honnodd Sieffre ei fod yn cyfieithu llyfr Cymraeg hynafol. Ychydig sy'n derbyn hynny ond mae'n ymddangos ei fod wedi casglu llawer o'i ddeunydd o weithiau Gildas, Beda a Nennius, Achau'r Cymry, bucheddau'r seintiau Cymreig a barddoniaeth a chwedlau cynnar Cymraeg. Efallai, meddir, fod yr haul yn machlud dros fryniau Mynwy wedi chwarae rhyw driciau ar ei lygaid wrth iddo eistedd yn y ffenest fawr honno ambell hwyrddydd o haf, a bod y ffiniau rhwng hanes a haniaeth, daearyddiaeth a dychymyg wedi toddi'n niwlog i'w gilydd.

Ta waeth, cofnododd stori a apeliodd at haneswyr ac at ddychymyg ei gynulleidfa. Os cafodd y byd flas ar y campau hynny, does ryfedd fod llawer o draddodiadau am Arthur a'r cymeriadau eraill wedi goroesi mewn enwau lleoedd a straeon gwerin ar hyd y Gororau. Mae'n siŵr fod llygedyn o hanes yn wincio arnom yn awr ac yn y man drwy'r straeon hyn, ond camp bennaf Sieffre oedd sianelu chwedl Arthur i lenyddiaeth fawr Ewrop.

Parhaodd enw Arthur mewn enwau lleoedd, ac mewn traddodiadau a chwedlau ar hyd y Gororau yn ogystal. Enw pant glas ger hen gaer Rufeinig Caerllion yw Dôl Arthur. Yn 1926–7, gwnaed gwaith cloddio archaeolegol yno gan Mortimer Wheeler a chanfuwyd amffitheatr anferth. Er bod honno'n cael ei dyddio'n ôl i gyfnod y Rhufeiniaid, cafodd ei chysylltu ar unwaith â'r Ford Gron. Yn ôl Sieffre, dyma leoliad prif lys Arthur lle byddai'n croesawu brenhinoedd o bob cwr o Ewrop, ac yno y lleolwyd un o'r chwedlau Arthuraidd Cymreig, Iarlles y Ffynnon. Roedd tŵr mor uchel yno fel bod modd gweld o'i gopa dros Fôr Hafren draw am Wlad yr Haf. Daeth Tennyson i aros yn hen briordy Caerllion pan oedd yn cyfansoddi'i gerddi Arthuraidd. Mae bryngaer Geltaidd Llan y Gelli (Lodge Hill) gerllaw, prif gaer y Silwriaid o bosib, ac mae rhai'n tybio mai dyma Gelliwig, lle byddai Arthur yn dathlu prif wyliau'r flwyddyn. Yn rhestr brwydrau Arthur gan Nennius – y deuddeg brwydr dyngedfennol pan drechodd y Sacson – mae un yn cael ei lleoli yng 'nghaer y llengoedd', a derbynnir yn gyffredinol mai cyfeirio at Gaerllion y mae hynny.

Un o'r chwedlau Cymreig cyfoethocaf ei gwe o straeon a chymeriadau yw Culhwch ac Olwen, ac mae rhan ohoni'n disgrifio Arthur a'i farchogion yn hela'r Twrch Trwyth yng Ngwent. Roedd gan y baedd anferth hwnnw – oedd wedi nofio i

Gymru o Iwerddon – dri thrysor yn ei wrychyn, sef crib, eilliwr a gwellaif. Cipiodd gwŷr Arthur yr eilliwr a'r gwellaif oddi arno ger aber afon Gwy ac yno neidiodd y twrch i'r môr a nofio i Gernyw. Aeth y marchogion ar ei ôl a chipio'r grib yno gan adael i Aned ac Aethlem, y cŵn hela cyflymaf yn y byd, ei ymlid. Neidiodd i'r môr drachefn, a'r ddau helgi ar ei ôl, ac ni welwyd yr un o'r tri fyth ar ôl hynny.

Yn un arall o'r hen chwedlau Cymreig, breuddwydiodd Rhonabwy iddo weld Arthur a llu o hen arwyr y Brythoniaid yn ymgynnull ar ddolydd Hafren ger y Trallwng. Yn ôl y Trioedd Cymreig, bu gan y Brenin Arthur dair gwraig ac roedd gan bob un ohonynt yr un enw – Gwenhwyfar. Merched Cywryd Gwent, Gwythyr mab Greidiawl ac Ogfran Gawr oedd ei dair brenhines. Caer Ogyrfan yw'r enw Cymraeg ar y fryngaer fawr wrth ymyl Croesoswallt.

Yng nghaer Cnwclas, yn ôl yr hanes, y bu ail briodas y Brenin Arthur. (Erbyn hynny, roedd y Wenhwyfar gyntaf wedi mynd yn rhy hen ac roedd Arthur angen meibion newydd yn lle'r rhai roedd wedi'u colli yng Nghwm Cerwyn.) Yng Nghhnwclas, gofynnodd Ogfran Gawr am

gymorth Arthur i ryddhau ei ddau fab oedd yng nghrafangau dau gawr o wastadeddau Amwythig. Y wobr oedd cael priodi ei ferch. Os gwobr hefyd – hi gafodd ffling efo Medrawd a brwydr Camlan oedd canlyniad hynny.

Mae Porth y Dŵr yng nghastell Cas-gwent yn sefyll ar ymyl clogwyn afon Gwy. Yn ôl y chwedl, ar y clogwyn islaw y mae ceg Ogof Arthur lle mae'r brenin a'i fyddin yn cysgu ac yn disgwyl am yr alwad i ryddhau'r Cymry. Dywedir bod grisiau'n disgyn o'r castell i'r ogof honno.

Olion o Hen Oes y Cerrig a ganfuwyd

Clogwyn 'Ogof Arthur' dan gastell Cas-gwent

mewn ogof ger Whitchurch yn swydd Amwythig – esgyrn mamaliaid sydd wedi hen ddiflannu o'r tiroedd hyn. Ond Ogof y Brenin Arthur yw'r enw arni. Mae ogof arall yn dwyn yr un enw uwch Symonds Yat yn Nyffryn Gwy. Cofnododd Nennius o'r 9fed ganrif fod Anir, mab Arthur, wedi'i gladdu dan y domen yn Wormelow rhwng Henffordd a Threfynwy (symudwyd y domen yn y 19eg ganrif er mwyn lledu'r ffordd). Uwch y Fenni, mae Cadair Arthur yn enw ar greigiau ar lechwedd Pen-y-fâl. Cist Arthur yw'r enw ar faes sgwâr ar Ysgyryd Fawr.

Claddfa Neolithig – o Oes y Cerrig Newydd – ydi'r gromlech sy'n dwyn yr enw Carreg Arthur ger Dorstone, ar y gefnen uwchlaw Dyffryn Deur yn ne-orllewin swydd Henffordd. Saif y gromlech ar ochr ffordd gul sy'n rhedeg ar hyd esgair serth uwch Dyffryn Gwy, gan gynnig golygfeydd ysblennydd o'r dyffrynnoedd islaw. Daeth Arthur yno, yn ôl y chwedl, a lladd cawr oedd yn arswydo'r bobl leol. Claddwyd y cawr dan y maen anferth. Yn flynyddol, hyd y 1960au o leiaf, cynhelid gwasanaeth awyr agored yno ar y pedwerydd Sul ym mis Gorffennaf.

Carreg Arthur, Dorstone

Y ddraig ar y ffin

Mae dreigiau'n amlwg mewn hen chwedlau ar draws y byd ond dim ond yng Nghymru ac yn y Dwyrain Pell y mae dreigiau yn medru bod yn 'dda', yn warchodwyr ac yn atgyfnerthwyr gwlad. Cyfeirir mewn un chwedl Gymreig at ddraig goch yn trechu'r ddraig wen – mae'r un goch yn symbol o'r Cymry a'r un wen yn symbol o'r Eingl-Sacsoniaid. Daeth y ddraig, a'i chysylltiad gyda byddinoedd Rhufain, Uthr Bendragon ac Arthur ei hun, yn symbol cenedlaethol Cymru gan wneud y faner arbennig honno yr hynaf sydd gan unrhyw wlad yn y byd.

Yn y Beibl, cysylltir y ddraig â'r diafol a drygioni ac mewn sawl eglwys mae draig gynffonnog i'w gweld wedi'i cherfio mewn maen neu ar bren. Os oes tro yng nghynffon y ddraig, mae'n arwydd o ddrygioni wedi'i drechu. Mae rhai'n credu mai hen gof gwlad am ddeinosoriaid sydd y tu ôl i'r chwedlau am y dreigiau.

Ers 1995, adferwyd yr arfer o gynnal gorymdaith Gŵyl Ifan ar strydoedd Caer. Roedd yr arfer – a ddaeth i ben yn 1678 – yn mynd yn ôl i'r 12fed ganrif ac yn wreiddiol yn cynnwys modelau o gewri,

uncorn, ceffylau hobi, camel, eliffant – a draig anferth yn cael ei chwipio gan haid o fechgyn noeth. Mae'r orymdaith wedi'i pharchuso dipyn wrth ei hatgyfodi, ond mae dreigiau yn rhan ddramatig o'r sioe ar y stryd o hyd, pan fydd tyrfa o 60,000 yn tyrru i'r ddinas.

Mae tecawê o'r enw Cantonese Dragon City yn Middlewich, sir Gaer, ond mae hanes hŷn na hynny i gysylltiad y dref â'r creadur mytholegol hwnnw. Yn eglwys y plwyf, mae capel bychan i'r teulu'r Venables, ac mae draig yn cael ei dangos ar arfbais y teulu. Roedd Syr Thomas Venables yn gefnder i Gwilym Goncwerwr a'i fab, o'r un enw, a ddaeth wyneb yn wyneb â draig ar ddechrau'r 12fed ganrif. Oedd, roedd draig ffyrnig yn rheibio'r ardal ar y pryd, yn bwyta pobl ac yn lladd pob un o'r dewrion oedd wedi ceisio cael gwared arni. Mewn cors sydd ag enw Cymraeg arni o hyd wrth ymyl Moston yr oedd y ddraig yn byw: Pwll Bache. Dragon Pool oedd yr enw Saesneg diweddarach ar y gors a Dragon Lane ydi enw'r ffordd sy'n rhedeg drwy'r ardal heddiw. Aeth Thomas Venables ifanc i'r gors ac fel yr oedd y ddraig ar fin bwyta plentyn, saethodd hi yn ei llygaid. Yna, lladdodd hi â'i gleddyf.

Yn Mordiford ger Henffordd mae un

o'r chwedlau manylaf oll am ddraig, dim ond bod rhyw bum fersiwn o'r stori ar gael. Nid draig yn hollol ydi hi ond *wyvern* ('gwifr' yn Gymraeg), cefnder y ddraig, sy'n llai ac ar ddwygoes ond bod ganddi adenydd anferth. Mae'n fwy o sarff na draig ac mae'n cario'i gwenwyn ar flaen ei chynffon. Daw'r enw o'r Ffrangeg guivre, sy'n golygu 'gwiber'. Mae adleisiau o 'wiber' y Wybrnant, Dyffryn Conwy a 'gwiber' Castellnewydd Emlyn, Dyffryn Teifi yn chwedl Mordiford.

Un tro, cerddai merch ifanc o'r enw Maud drwy'r coed a gwelodd wifren ifanc, wyrdd llachar nad oedd yn ddim mwy na chiwcymbyr. Aeth â hi adref a'i chadw'n anifail anwes, gan ei bwydo â llefrith. Tyfodd yn gyflym, gan ddechrau bwyta cywion ieir ... yna defaid. Cyn bo hir roedd yn claddu gwartheg a phan dyfodd i'w llawn dwf, wrth i ffermwyr yr ardal ddechrau ei hela – sylwodd ei bod yn hoff iawn o gnawd dynol! Ond roedd bob amser yn glên iawn wrth Maud. Aeth i fyw mewn lloches ar graig yn Haugh Wood gan ddilyn yr un llwybr yn ddyddiol i fynd at lannau afon Gwy i dorri'i syched. Serpent Path yw enw'r llwybr hwnnw, debyg iawn.

Roedd hi'n hen bryd cael gwared arni, meddai'r bobl leol. Dewiswyd Garson, dyn oedd dan ddedfryd marwolaeth, a'i roi mewn casgen seidr wrth bwll dŵr y ddraig ar lan yr afon. Pan welodd y ddraig y dyn, aeth amdano gan lapio'i hun o amgylch y gasgen. Ond roedd pigau a bachau haearn milain wedi'u gosod ar y gasgen ac wrth i'r ddraig ei gwasgu, gwaedodd i farwolaeth. Yn ôl un fersiwn, bu farw Garson yn y gasgen hefyd oherwydd ei fod wedi anadlu anadl y ddraig.

Cynffon i'r stori yw bod ficer

Y ddraig yn logo yn Mordiford heddiw

Mordiford wedi canfod bod y chwedl yn dal yn fyw iawn ymysg ei blwyfolion. Mor ddiweddar ag 1875, daeth ar draws dwy hen wraig o'r pentref yn ceisio boddi madfallod dŵr rhag ofn iddynt dyfu i fod yn ddreigiau. Fel cofeb i Garson, paentiwyd draig ddeuddeg troedfedd o hyd ar wal yr eglwys. Mae wedi'i dileu bellach ond mae lluniau ohoni yn Amgueddfa Henffordd. Yn ddiddorol iawn, mae fersiwn arall o'r stori yn adrodd sut y cafodd y ddraig dröedigaeth a'i bod yn eistedd ar wal yr eglwys er mwyn ei hamddiffyn rhag y Saeson. Yna, blinodd ar hynny ac aeth tua'r gorllewin i eistedd ar faner genedlaethol!

Yn 1973, dathlodd y plant ganmlwyddiant ysgol y pentref drwy lwyfannu pasiant yn cyflwyno brwydr rhwng y ddraig werdd a'r ddraig goch gyda'r un werdd yn fuddugol, gan osod llun 12 troedfedd o hyd ar dalcen yr eglwys o'r un goch yn ei throi hi am Gymru lle daeth yn symbol cenedlaethol.

Dyna'r ddraig, efallai, sy'n croesawu ymwelwyr i Gymru wrth iddynt groesi'r ffin y dyddiau hyn. Dyna'r ddraig sy'n rhan o logo cymaint o fusnesau Cymreig a chymaint o gynnyrch bwyd a diod Cymreig. Ewch i siop Gymraeg Cwlwm yng Nghroesoswallt ac mae yno lond ogof o ddreigiau cochion.

Mae'r cof amdanynt yn un diweddar iawn fodd bynnag. Hyd ddechrau'r 20fed ganrif roedd hen ŵr yn Fforest Clud, Maesyfed yn tyngu iddo glywed draig yn anadlu yno, er na welodd hi erioed. Mae sŵn y gwynt, medd eraill, yn y moelydd

Eglwys Mordiford

hynny yn debyg iawn i sŵn anadlu trwm.

Yn ôl chwedl leol, ni chafodd y ddraig olaf ym Maesyfed ei lladd – cysgu yn y bryniau moel mae hi. O gwmpas esgeiriau Fforest Clud, mae pedair eglwys wedi'u cysegru i Sant Mihangel, y gŵr duwiol sy'n aml yn cael ei bortreadu mewn gwisg arfog, yn cario cleddyf neu waywffon, ac yn enwog am ladd dreigiau. Mewn diwinyddiaeth ddiweddarach, daeth y ddraig i gynrychioli'r diafol. Mae eglwysi Mihangel yn aml ar diroedd uchel, yn symbol o'r frwydr fythol rhwng goleuni a thywyllwch, a daeth y cwlt yn boblogaidd iawn yng Nghymru yn y 10fed a'r 11eg ganrif.

Ymysg yr eglwysi sydd ar 'Lwybr Mihangel' ym Maesyfed mae lleoliadau ac enwau hyfryd Llanfihangel Helygen, Llanfihangel Rhydieithon, Llanfihangel Cefn-llys a Llanfihangel Casgob. Yn ôl traddodiad, rhaid gwarchod yr eglwysi hyn neu bydd y ddraig yn deffro, yn dianc ac yn ddraenen yn ystlys y bobl leol unwaith eto.

Eglwys Llanfihangel Rhydieithon

Draig gerfiedig ar sgrin eglwys Patrisio

O boptu Clawdd Offa

Dwi wedi parcio ar ganol y Clawdd. I'r dde ac i'r chwith, mae ffos a chlawdd yn ymdonni dros fryniau gogledd Maesyfed hyd y gorwelion. Ond yma mae ffordd darmac wedi'i thorri drwyddynt. Llwybr bugail yn wreiddiol efallai, yna ffordd rhwng ffermydd ac efallai ei bod yn lôn yr oedd y porthmyn yn ei defnyddio mewn rhyw oes. Yma, ar y bryniau uchel, mae'r Clawdd wedi cadw'i siâp yn dda o ystyried ei fod yn 1,200 o flynyddoedd oed. Gan fod y ffordd yn torri drwyddo, mae modd gwerthfawrogi sut y cafodd ei greu.

Yma, gallwn ddychmygu dim llai na byddin o geibwyr a rhofwyr yn dechrau agor ffos ar ochr Cymru ac yn rhawio'r pridd i ochr Mersia, sydd yn uwch i fyny'r llechwedd. Yn raddol, mae'r ffos yn dyfnhau nes ei bod tua 4 metr o'i gwaelod i grib y domen bridd. Ar draws, mae'r ffos a'r domen yn creu clawdd tua 20 metr o led. Y tu ôl i lwyni tua'r gorllewin, gallwn ddychmygu'r Cymry lleol yn llygadu'r gwaith. Iddyn nhw, oherwydd y tric o godi'r Clawdd ar lethr sy'n codi at y dwyrain, a'r ffos o'u blaenau, mae'n edrych yn llawer uwch a mwy bygythiol nag ydyw o ochr Mersia. Mae'r 'fyddin' o weithwyr yn rhoi argraff o frenin pwerus, cyfoethog sydd â digon o ddwylo at ei alw. Offa ydi'r brenin, ac mae hi rywdro rhwng 757 a 796. Bydd enw'r brenin yn cael ei gysylltu â'r Clawdd am byth.

Mae'r Clawdd yn gwahanu dwy genedl – i'r gorllewin, mae'r bobl oedd yma yn ystod cyfnod y Rhufeiniaid ac ymhell cyn hynny. Maen nhw'n siarad iaith Geltaidd. Brythoneg oedd honno yn ystod dyddiau'r Rhufeiniaid ond erbyn diwedd y 5ed ganrif mae wedi esblygu yn Gymraeg. Un enw am bobl ac am wlad sydd yn y Gymraeg, sef Cymru – mae'n tarddu o 'cyd' + 'bro', sef 'y rhai sy'n rhannu yr un tir'. Roedd ffiniau'r diriogaeth honno yn gyfnewidiol a symudol yn ystod y canrifoedd cyntaf ar ôl ymadawiad y Rhufeiniaid.

Ymosododd y Gwyddelod ar lannau gorllewinol Prydain; ymosododd y Pictiaid o ogledd yr Alban ac ymsefydlodd llwythau Germanaidd yr Eingl, y Sacsoniaid ac eraill yn nwyrain Prydain gan wasgu ar y teyrnasoedd Brythonig. Enw'r Eingl-Sacsoniaid hyn ar yr hen Gymry oedd *Welsh* ac mae'n tarddu o'r hen Sacsoneg *Welisc*, *Wœlisc*, yn ôl Geiriadur Rhydychen – 'from a Germanic word meaning "foreigner"'.

Wedi teyrnasiad Arthur, methodd yr hen Gymry ag atal grym Northymbria yng ngogledd Lloegr, Mersia yn y canolbarth a Wessex yn y de. Collwyd byddinoedd a thiroedd yn dilyn Brwydr Dyrham (ger Caerfaddon) yn 577 a Brwydr Caer yn 616. Tua 643, llosgodd gwŷr Mersia lys brenin Powys ym Mhengwern, lle saif castell Amwythig heddiw, mae'n debyg. Ond enillodd gwŷr Gwent fuddugoliaeth hanesyddol yn erbyn y Sacsoniaid tua 630. Yn ôl John Davies, dyna a gadwodd Went yn rhan o Gymru a chadw'r ffin ar afon Gwy, gyda hynny'n cael ei gadarnhau ganrif a hanner yn ddiweddarach pan godod Offa ei glawdd. Daeth Offa yn frenin ar Mersia tua 757–796 ac mae sawl damcaniaeth ynglŷn â'i orchest fawr yn codi clawdd rhwng y Cymry a'r Sacsoniaid.

Clawdd Offa uwchlaw Clun

Yn sicr, roedd yn rhwystr daearyddol ar unrhyw ymosodiad o'r ddau du, ond roedd elfen o gytundeb yno yn ogystal. Roedd Offa hefyd eisiau ffin orllewinol heddychlon fel y gallai ganolbwyntio ar frwydrau i drechu ei elynion yng ngweddill Lloegr.

Gellir edrych ar Glawdd Offa fel ymdrech i setlo'r ffin derfysglyd rhwng y teyrnasoedd Cymreig a'r rhai Eingl-Sacsonaidd. Parhaodd brwydro rhwng brenhinoedd o boptu'r Clawdd ond rhwng 800 ac 1282, cafodd y Cymry gyfnod ffyniannus ac ysbrydoledig. Tyfodd y Gymraeg i fod yn iaith lenyddol gyfoethog a chrefftus yn ei chwedlau a'i barddoniaeth. Cofnodwyd trefn genedlaethol ar y cyfreithiau Cymreig. Cryfhaodd yr eglwysi a thyfodd mynachdai yn fannau pwysig o ran y byd ysbrydol, masnachol ac addysgol. Fwyfwy, gwelwyd brenhinoedd y gwahanol deyrnasoedd traddodiadol yn uno a rhannu delfryd newydd i wrthsefyll ar y cyd unrhyw ymosodiad pellach dros Glawdd Offa.

Mae'r miloedd sy'n cerdded ar hyd, neu ar hyd rhannau o Lwybr Clawdd Offa bob blwyddyn yn profi'r teimlad o fynd a dychwelyd yma wrth adael gwlad a dod yn ôl iddi yn barhaus. Llinell yw'r ffin rhwng Cymru a Lloegr, wrth gwrs – llinell fain doredig ar fap sydd weithiau'n dilyn cwrs afon, dro arall yn dilyn ffordd neu ymyl cae ac weithiau'n torri ar draws bryndir agored. Mae'r llinell wedi'i chreu adeg Deddf Cymru a Lloegr 1536 ac nid oes fawr o symudiad wedi bod arni ers hynny. A dweud y gwir, dydi hi ddim yn bell iawn o'r lle y cododd dynion Offa eu clawdd yn yr 8fed ganrif. Ond mae rhywbeth lletach na ffin ar ororau dwy wlad sy'n gymdogion ers cymaint â hynny o amser.

Yn Nhrefyclo, mae Canolfan Treftadaeth Clawdd Offa. Mae mor agos i'r ffin fel bod yn rhaid mynd i Loegr i ddal trên o orsaf y dref hon. Ymosodwyd arni a chafodd ei llosgi gan y Cymry oedd ym myddin Glyndŵr yn 1402. Eto, ym mis Medi 2016, roedd baner Glyndŵr yn dew ar hyd y strydoedd – yn parhau i ddathlu gorchestion tîm pêl-droed cenedlaethol Cymru ym Mhencampwriaeth Ewrop yn Ffrainc.

Teyrngarwch Trefyclo

Yr angen am gastell

Pentref ger Pontrilas yng ngorllewin swydd Henffordd yw Ewyas Harold. Pan awn yno, mae'n werth croesi'r bont a dilyn llwybr i fyny'r llechwedd coediog ar y chwith. Down i gae agored wedyn ac fel rhyw ddraenog tywyll, pigog ar hwnnw, mae twmpath o bridd wedi'i orchuddio â mieri a phrysgwydd. Mae'n debyg i un o'r ugeiniau o weddillion cestyll tomen a beili Normanaidd sydd i'w canfod drwy Gymru a'r Gororau. Ond mae hwn yn arbennig. Hwn, mae'n debyg, yw'r 'castell' cyntaf ym Mhrydain ac ar ben hynny, cafodd ei adeiladu ryw ddeng mlynedd cyn 1066.

Pan geisiodd y Cymry sefydlu trefn newydd yn y Gororau yn y 6ed a'r 7fed ganrif, adferwyd hen amddiffynfeydd rhai o'r ceyrydd Rhufeinig ganddynt am gyfnod. Ond cafodd y rheiny eu chwalu a'u llosgi wrth i'r Eingl-Sacsoniaid ymledu tua'r gorllewin. Trowyd cefn ar amddiffynfeydd y bryngaerau hefyd ac er bod gan y Cymry lysoedd, megis Pengwern lle saif Amwythig bellach, mae'n debyg, doedd y cyfnod ansefydlog hwnnw ddim yn un ffafriol i sefydlu trefi a chanolfannau newydd yn y Gororau.

Erbyn canol yr 8fed ganrif, cafwyd cyfnod lled heddychlon a thyfodd canolfannau eglwysig yn Henffordd, Llanllieni a Much Wenlock, gyda marchnadoedd Sacsonaidd yn cael eu cynnal ar y strydoedd culion wrth yr eglwysi. Dan fygythiad y Llychlynwyr, codwyd amddiffynfeydd pridd o amgylch y trefi hyn a chafodd y rheiny eu cryfhau gyda waliau cerrig yn ddiweddarach. Daeth y *burh* Seisnig i olygu 'tref' ac 'amddiffynfa' a'r un fwyaf nodedig ar y Gororau oedd Amwythig (Shrewsbury yn Saesneg – 'tref gaerog y llwyni'). Daw i amlygrwydd yn y 9fed ganrif a gwelir cadwyn o drefi caerog yn ymddangos ar hyd prif rydau Gwy, Hafren a Dyfrdwy.

Erbyn canol yr 11eg ganrif, roedd y cyfnod Sacsonaidd ar fin dod i ben yn y Gororau. Roedd mân frwydrau parhaus rhyngddynt a'r Cymry, ac roedd y ffin yn un aflonydd, yn symud yn ôl ac ymlaen o gyfnod i gyfnod. Methodd y Sacsoniaid â threchu'r Cymry; roedd Clawdd Offa yn amherthnasol bellach ac o tua 1050 ymlaen, roedd gan y Cymry'r llaw uchaf gyda dau frenin cryf ac egnïol yn eu

1. Safle castell Ewyas Harold; 2. Motte Caer; 3. Castell Clun ar y Gororau

harwain i fuddugoliaethau. Enillodd Gruffudd ap Rhydderch o'r Deheubarth diroedd bras yn ardaloedd Henffordd a Chaerloyw hyd ei farwolaeth yn 1055, a chyrchodd Gruffudd ap Llywelyn o Wynedd yn ddwfn i Loegr gan ymosod ar drefi grymus fel Caer, Llanllieni a Henffordd. Ar un adeg, roedd Cymru'n gyfan wrth ei gefn a'i diroedd yn cyrraedd at lannau Hafren o'i haber i Amwythig. Lladdwyd yntau yn 1063.

Oherwydd y bygythiad newydd yma drwy nerth y Cymry, penderfynodd Edward Gyffeswr (a fagwyd yn Normandi) gyflwyno nifer o arglwyddi Normanaidd i'r Gororau yn y 1050au. Daeth yr arglwyddi newydd â thactegau ac arfau newydd a dyma pryd y cyflwynwyd y cestyll cyntaf i'r ardaloedd hyn, gyda'r geiriau 'castell' yn y Gymraeg a 'castle' yn Saesneg yn tarddu o'r un enw Normanaidd.

Mae nifer o haneswyr yn credu bellach mai'r defnydd helaeth o gestyll a alluogodd y Normaniaid i orchfygu Lloegr mor hawdd. Eu cynllun syml ac effeithiol oedd agor ffos ddofn o amgylch ffedog o dir a defnyddio'r pridd a'r cerrig i godi tomen, neu'r *motte* fel y câi ei galw, ar un pen i'r ffedog. Gallai'r domen amrywio rhwng 3 metr a 30 metr o uchder. Codid tŵr ar ben y domen. Codid palis pren ar ochr fewnol y ffos a phont godi mewn un man. Byddai stablau, barics, stordai, gefail, neuadd a chapel ar y ffedog o dir – neu'r *bailey*. Byddai pont godi arall rhwng y beili a'r domen a'r tŵr mewnol. Gan fod y defnyddiau i gyd wrth law, gallai mintai go dda o filwyr a gweithwyr a seiri godi castell tomen a beili mewn ychydig ddyddiau, pan oedd raid. Pythefnos gymerodd hi i godi castell tomen a beili yn Hastings.

Roedd y castell yn fwy na chadarnle diogel yn unig yn nhactegau rhyfel y Normaniaid. Dyma'r boncyff fyddai'n cyfrannu cangen nesaf eu rheolaeth dros wlad. O'r cestyll, âi gwŷr meirch y Normaniaid ar gyrchoedd i greu braw a dychryn yn yr ardaloedd cyfagos. Yna, codid castell tomen a beili hyd braich i ffwrdd a threiddio ymhellach i diroedd y gelyn. Hon oedd eu ffordd o ddelio â gwrthryfeloedd a chodi ofn ar werinoedd. Roedd rhwydwaith o gestyll yn ddatganiad croyw o oruchafiaeth Normanaidd.

Pan ddaethant i'r Gororau yn dilyn buddugoliaeth Hastings yn 1066, codwyd castell ymhob tref a phentref o bwys ac mae'u holion yno'n drwchus heddiw. Ond roedd y Norman wedi cael blas ar hyn dros ddegawd ynghynt. Un o'r arglwyddi

Olion tomen Castell-paun – troedle i'r Normaniaid yng Nghymru

Normanaidd a wahoddwyd i'r Gororau yn y 1050au oedd Osbern Pentecost, a chododd y castell cyntaf yn Ewyas Harold. Chwalwyd hwnnw gan y Cymry yn 1052, ond erbyn hynny roedd arglwyddi Normanaidd eraill wedi codi cestyll yn Richard's Castle, i'r de o Lwydlo, a Henffordd.

Nid yw'n anodd amgyffred apêl y Gororau i'r Normaniaid. Ewch ar hyd lonydd cefn Dyffryn Gwy yn ardal Henffordd pan fo'r coed afalau yn eu blodau neu'r ffrwythau'n felys yn yr awyr. Blaswch y seidr lleol. Sylwch ar sguboriau braf y ffermydd, y pentrefi tawel, twt a'r plastai bychain sy'n diferu gan 'hen bres'. Dydi hi ddim yn anodd dychmygu ein bod yn crwydro ardaloedd glas, tonnog gogledd Ffrainc. Gan y Normaniaid y daeth yr enwau Saesneg am y cigoedd gorau: *boeuf, mouton, venesoun, porc*. Mae digon o'r rheiny i'r rhai sy'n byw fel arglwyddi ar y Gororau.

Gan fod barwniaid Normandi wedi arfer â'r Llydawiaid yn gymdogion, doedd wynebu'r Cymry yn eu tiroedd mynyddig a niwlog tua'r gorllewin ddim yn brofiad mor ddieithr â hynny i'r rhai a ymsefydlodd ar ymylon gorllewinol teyrnas Lloegr. Roedd rhai ohonynt yn dod o Lydaw. Roeddent yn gyfarwydd â'r seintiau Celtaidd a'r chwedlau am gampau Arthur a'i farchogion. Tir y gororau oedd Normandi yn wreiddiol hefyd, felly roedd y syniad o fers yn gyfarwydd iddynt, ac oddi wrth y math o gymeriadau a ddewiswyd i reoli'r Mers gan Gwilym

Goncwerwr, roedd hi'n amlwg ei fod yn ymwybodol o'r nodweddion oedd yn angenrheidiol ar gyfer rheoli mewn ardal o'r fath.

Cwblhawyd y goncwest Normanaidd yn Lloegr o fewn ugain mlynedd. Byddai'r frwydr yn parhau am ddau can mlynedd yng Nghymru a chael eu trechu, nid eu darostwng, fu hanes y Cymry. Penderfynodd Gwilym sefydlu tri iarll lled-annibynnol yn nhrefi Sacsonaidd Caer, Amwythig a Henffordd. Yna rhannwyd gweddill y Gororau yn fân arglwyddiaethau a fu hefyd yn lled-annibynnol hyd Ddeddf Cymru a Lloegr 1536. Roedd cynifer â 153 o arglwyddi yno, pob un yn frenin bach ei hun, gyda'i fyddin, ei lys a'i gyfraith ei hun; pob un â llaw rydd i fachu hynny a fedrent oddi ar eu cymdogion Cymreig. Y rhain oedd gangsters Gwilym Goncwerwr a throwyd y Gororau yn faes brwydr, brad, dwyn, dialedd, trais, cosb a gwrthryfel am ganrifoedd. Roedd natur Marchia Wallia – y 'Mers Cymreig' – yn wahanol iawn i Loegr Normanaidd.

Safle'r Normaniaid yn Llanfair-ym-Muallt

Cestyll y brenin

Er bod arglwyddi'r Mers yn farwniaid 'annibynnol', pan âi pethau i'r gwellt roedd y brenin yn barod iawn i feddiannu'r prif gestyll a'u defnyddio i lansio ymgyrchoedd anferth yn erbyn Cymru, yr Alban neu Iwerddon.

Daeth Gwilym Goncwerwr i Gaer yn 1070 gan weld lleoliad da i'w fyddin ar fryncyn mewn dolen yn afon Dyfrdwy. Llosgodd 205 o dai o'r 487 oedd yn sefyll yn y dref Sacsonaidd ar y pryd ac wedyn roedd ganddo le i'w nai Hugh Lupus i godi'i gastell tomen a beili. Roedd y teithiwr a'r sgwennwr George Borrow yn casáu'r Normaniaid. Pan welodd gastell Caer yn 1845, cafodd ei atgoffa mai drwy ddwyn, lladd a thrais y darostyngwyd y Saeson.

Tomen ddisylw ar y dde wrth groesi Pont Grosvenor i mewn i ddinas Caer yw'r prif olion cyhoeddus sydd ar ôl o gastell Caer. Daeth Hugh d'Avranches yno yn 1070. Mae llyswenwau'r Cymry arno – 'Huw Flaidd' a 'Huw Dew' – yn dweud rhywbeth amdano. Ymledodd ei rym tua'r gorllewin a gosododd ei gefnder, Robert, mewn castell yn Rhuddlan. Ymhen 200 mlynedd, roedd iarllaeth Caer wedi tyfu i fod yn dywysogaeth fechan annibynnol. Yr iarll mwyaf pwerus oedd Ranulf III (1181–1232). Ymunodd â chynghrair ei hen elynion, y Cymry, yn nyddiau Llywelyn Fawr ac yn 1237 diddymwyd yr iarllaeth gan Harri III gan ei gweld fel bygythiad personol bellach, yn hytrach nag fel dull cyfleus o ymosod ar Gymru. Castell Caer oedd pencadlys Edward I yn ei ymgyrchoedd yn erbyn y Cymry. Defnyddiai dŵr gorllewinol y castell i garcharu'r Cymry, gan eu llwgu i farwolaeth yn y pydew yno. Cynullodd ei grefftwyr a'i ddeunydd crai i adeiladu coler o gestyll costus o amgylch Gwynedd ar ôl lladd Llywelyn ap Gruffudd yn 1282. Caer, efallai, yw'r ddinas fwyaf imperialaidd, fwyaf brenhinol yn Lloegr y tu allan i Lundain.

Roger de Montgomery a dderbyniodd gastell Amwythig. Mae'r olion yno wedi'u 'moderneiddio' sawl tro ond mae sefyll ar ffedog o fuarth cerrig afon o dan y tŵr ar y domen yn ein hatgoffa o'r disgrifiad yng Nghanu Heledd o lys Pengwern ar graig goediog uwch yr afon. Cododd Montgomery gastell ar ochr orllewinol Clawdd Offa ac mae enw Saesneg y dref yn dwyn ei enw o hyd. Hwn oedd y castell yr oedd Llywelyn ap Gruffudd yn ei herio pan gododd gastell a sefydlu tref Dolforwyn ar ochr ogleddol afon Hafren yn 1273.

Cyfaill agos i Gwilym Goncwerwr a osodwyd yng nghastell Henffordd hefyd – William fitz Osbern. Ymosododd yntau ar y Cymry a chodi'r castell cerrig cyntaf a welwyd yng Nghymru a hynny yng Nghasgwent, ar greigiau uwch afon Gwy. Wedi cael gafael ar ddarn o wlad, byddai'r Normaniaid yn cryfhau'r gafael hwnnw ymhen hir a hwyr drwy godi tŵr maen a waliau cerrig ar safle'r castell tomen a beili pridd a choed gwreiddiol.

Caer, Amwythig a Henffordd – mae'r enwau'n canu fel cnul drwy hanes Cymru yn yr Oesoedd Canol. Y tu ôl i gadernid y cestyll a'r waliau yno yr oedd pawen coron Lloegr ar ei mwyaf pwerus. O'r tair canolfan filwrol yma y lansiwyd byddinoedd anferth yn erbyn y tywysogion Cymreig yn nyddiau Owain Gwynedd, yr Arglwydd Rhys, y ddau Lywelyn ac yna Owain Glyndŵr. Carcharwyd Gruffudd ap Cynan yng nghastell Caer am tua 12 mlynedd a'i lusgo i gyffordd gyhoeddus yr High Cross bob dydd marchnad nes y trefnodd y Cymry gynllwyn i'w ryddhau. Dienyddiwyd Dafydd ap Gruffudd ar y Groes Uchaf yn Amwythig yn 1283 drwy grogi, diberfeddu a chwarteru – y cyntaf i ddioddef y gosb erchyll honno am deyrnfradwriaeth.

Ar fryn serth uwch afon Tefeidiad mae castell Llwydlo yn dal i edrych fel dwrn pwerus canoloesol hyd heddiw. Y teulu de Lacy gododd y castell gwreiddiol yn niwedd yr 11eg ganrif, ond daeth i ddwylo'r teulu Mortimer drwy briodas yn 1308. Am 200 mlynedd ar ôl 1090 bu'r Mortmeriaid yn ymosod a dwyn darnau o'r wlad rhwng Llwydlo a Rhaeadr Gwy. Erbyn diwedd y 13eg ganrif, roedd ganddynt 17 o gestyll ar y darn hwnnw o dir yn unig. Yma yr oedd Edmwnd Mortimer pan arweiniodd fyddin fawr o'r Gororau yn erbyn Glyndŵr ym

Safle castell Henffordd

Castell Llwydlo yn gwylio'r bont i Gymru

Mryn Glas yn 1402.

Gallai beili allanol y castell helaeth yn Llwydlo letya byddin enfawr ar gyfer ymosod ar Gymru neu – fel y digwyddodd yn 1171 – oresgyn Iwerddon. Daeth yr arglwyddiaeth yn eiddo i'r goron yn 1461 ac yn ddiweddarach yn gartref i Arthur, mab Harri VII. Mae'r castell mewn dwylo preifat o hyd, yn cynnal gwyliau diwylliannol a gwyliau bwyd, cwrw a seidr ac yn un o adfeilion caerog gorau Lloegr.

Codwyd cannoedd o gestyll tomen a beili yn y Gororau – mae llawer mwy o gestyll Normanaidd i'r filltir sgwâr yno nag yn unrhyw ran o Loegr. Nid oedd pob un yn addas i'w ailadeiladu mewn cerrig. Oes fer, ffyrnig fu i rai ohonynt. Y cam nesaf ar ôl sefydlu grym milwrol oedd ceisio rheoli economi'r ardaloedd oedd o dan eu bawd ac er mwyn cyflawni hynny, dechreuwyd sefydlu trefi a marchnadoedd o dan gysgod y cestyll mwyaf.

Mae Stent Lloegr (*Domesday Book*) yn cofnodi rhai o arferion a rheolau'r bwrdeistrefi cynnar hyn. Pan fyddai Siryf Amwythig yn penderfynu gorymdeithio o'r dref i Gymru, byddai unrhyw un nad oedd yn ufuddhau i'r wŷs i ymuno â'i fyddin yn cael dirwy o 40 swllt. Os byddai bragwr yn ceisio gwerthu cwrw drwg yng Nghaer, i'r gadair ddowcio â fo neu ddirwy o 4 swllt. Roedd chwe gof yn nhref Henffordd ac roedd pob un yn talu 1 geiniog y flwyddyn am ei efail, ond yn gorfod darparu 120 o bedolau o haearn y brenin am 3 ceiniog yr un yn flynyddol yn ogystal.

Castell Amwythig heddiw

Caer

Hyd heddiw, mae'r Gymraeg i'w chlywed yn glir yng Nghaer pan fydd y strydoedd yn llawn siopwyr a nifer o'r masnachwyr yn ei siarad neu'n medru ambell air ohoni. 'Cymru am byth!' meddai'r gweinydd o'r Eidal wrth inni dalu am ginio unwaith, cyn troi at y bechgyn: 'Do you play rugby?'

Eto, cymdogion anesmwyth ydan ni weithiau. Adeiladwyd ail res o siopau ar ben siopau'r stryd yng nghanol y ddinas i greu'r 'Rows' enwog yn y 13eg ganrif. Yn ôl traddodiad, meddai George Borrow, roedd y grisiau cul, serth – a throellog mewn mannau – rhwng y siopau uchaf a'r stryd wedi eu gosod yno er mwyn ei gwneud hi'n anoddach i'r Cymry redeg i ffwrdd ar ôl dwyn o siopau!

Trechwyd yr Iarll Siaspar (ewythr Harri VII yn ddiweddarach) ym Mrwydr Mortimer Cross yn 1461 a lladdwyd llu o'i gefnogwyr Cymreig. Ffodd un ohonynt, bardd o'r enw Lewys Glyn Cothi, nes cyrraedd Caer. Priododd wraig weddw yno ac agor siop – ond heb ofyn caniatâd y Maer, mae'n debyg. Cyn hir, galwodd swyddogion yr ynad yno gan hawlio'r nwyddau i gyd a'i hel o'r dref. Canodd Lewys awdl yn melltithio Caer a'i swyddogion a ddygodd bopeth oddi arno oni bai am ei ewinedd, meddai, ac yn ei dempar, canodd fawl Rheinallt ap Gruffudd, uchelwr o'r Wyddgrug a Chymro tanbaid, yn erfyn arno i losgi'r ddinas. Un o'r melltithion a ddymunodd ar y dref oedd bod yr afon yn llenwi a'i masnach yn marw.

Ychydig ar ôl hynny, roedd Maer Caer a nifer o'r dinasyddion yn ffair yr Wyddgrug. Ymosododd Rheinallt a'i ddilynwyr arnynt a rhoi curfa iddynt. Er i'r Saeson ffoi daethant yn ôl liw nos, a milwyr gyda nhw. Ond roedd Rheinallt a'i ddilynwyr yn eu disgwyl ac yn cuddio yn y llwyni y tu allan i'w gartref. Pan aeth y garfan i mewn drwy'r drws, bolltiwyd hwnnw o'r tu allan gan Rheinallt a rhoddodd yr adeilad ar dân.

Pasiwyd, yn ôl haneswyr, y deddfau cosb mwyaf hiliol a welwyd yn yr Oesodd Canol yn cyfyngu ar hawliau'r Cymry. Doedd yr un Cymro i aros yn ninas Caer wedi machlud na dod i mewn iddi cyn toriad gwawr ar boen cael ei ben wedi'i

1. *Byddin brenin Lloegr yn gadael Caer ar gyrch i Gymru; 2. Grisiau cul y 'Rows'*

dorri i ffwrdd. Mae'r Winter Watch Parade yn cael ei ddathlu yno bob Nadolig lle gwneir seremoni o gyflwyno goriadau'r ddinas i'r Maer – ac mae hynny, meddir, yn atgof o ymosodiadau'r Cymry ar y ddinas yn ystod un Nadolig.

Mae'r dywediad 'cyn codi cŵn Caer' (am rywun yn codi'n blygeiniol) yn atgof, medd rhai, o'r gwaharddiad ar Gymry i aros yn y ddinas rhwng machlud a gwawr. Os byddai Cymro wedi treulio'r nos – yn anghyfreithlon – yng Nghaer, byddai'n rhaid iddo geisio codi'n gynnar drannoeth, cyn bod y cŵn yn cyfarth ac yn tynnu sylw ato. Dehongliad arall yw mai glasenw'r Cymry ar filwyr Caer oedd 'cŵn'.

Mae'r hen gynnen yn dal i gael ei chwarae. Wrth y bar yn y Pied Bull yng Nghaer mae brodor o'r ddinas yn clywed acen Gymreig ac yn dweud gyda gwên fod yna gloc ar dŵr eglwys yng Nghaer gyda wyneb ganddo ar bob ochr i'r tŵr, oni bai am yr ochr orllewinol – 'because we wouldn't give the Welsh the time of day!'

Ond 'Welshgate' oedd enw ardal Bridgegate o'r ddinas am gyfnod am fod cynifer o Gymry wedi ymsefydlu yn yr ardal honno. Mae'r Water Tower hefyd yn atgof o ddibyniaeth Caer ar arian y brenin i gryfhau'i afael ar y Cymry – mae'r tŵr arbennig hwnnw yn grwn ac yn debyg i arddull tyrau cestyll Conwy, Harlech a

Y Gororau

Biwmares. Mae'n debyg mai adeiladwyr Edward I a'i cododd, ynghyd â rhannau helaeth o'r abaty a'r eglwys, pan fyddai ei gannoedd o grefftwyr yno yn cicio'u sodlau yn disgwyl am dywydd teg i barhau â'u rhaglen waith yng Nghymru.

Ar y môr y masnachai Caer â Chymru, a dyma pam fod cei wrth bob un o'r cestyll Edwardaidd. Nid dim ond gwasanaethu'r brenin y byddai masnachwyr Caer chwaith – diswyddwyd Maer Caer yn ystod gwrthryfel Glyndŵr am fod y ddinas yn parhau i fasnachu â'r Gymru annibynnol.

Heddiw, mae'r Water Tower ar ben braich o waliau'r ddinas ac mae'r tŵr a arferai olchi'i draed yn nyfroedd afon Dyfrdwy, bellach yn sefyll uwch lawntiau bowls. Does dim glan afon yn Watergate, lle'r oedd y porth i'r harbwr. Erbyn diwedd y 15fed ganrif, doedd y llongau masnach ddim yn medru dod yn nes na 12 milltir i fyny'r aber o Gaer. Codi'r gored ar draws yr afon wrth yr hen bont ar Ddyfrdwy sy'n cael y bai am hynny – ond roedd melinwyr canoloesol Caer yn mynnu bod angen creu cronfa yno i droi eu melinau drwy gydol y flwyddyn. Arafwyd lli'r afon; llenwodd â

Rhannau o Abaty Caer yn yr eglwys heddiw ac isod, y Groes o flaen eglwys San Pedr.

phridd, tywod a chlai. Ar ben hynny bu dau bla heintus yn y ddinas, a thân difrodus.

1. Water Tower, Caer; 2. Huw Flaidd; 3. Y gored ar afon Dyfrdwy

Henffordd

Esgobaeth Henffordd yw'r hynaf yn Lloegr, yn mynd yn ôl i'r flwyddyn 700. Bu hefyd yn brifddinas Mersia dan Offa – ystyr yr enw Saesneg yw 'rhyd y fyddin'. Erbyn diwedd yr Oesoedd Canol roedd chwe phorth a phymtheg twr i furiau'r dref ac roedd y castell bron cymaint â'r un yn Windsor. Cafodd hwnnw ei chwalu i 'ddatblygu'r dref' yn y 18fed ganrif.

Yn 926 dynododd Athelstan, brenin Lloegr ar y pryd, mewn cynhadledd yn Henffordd mai afon Gwy oedd y ffin â Chymru. Yn ôl un cronicl, doedd y Cymry ddim yn hapus gyda'r fargen honno gan eu bod hwy bob amser yn ystyried afon Hafren fel eu ffin ddwyreiniol gan fod llawer o Gymry'n dal i fyw rhwng y ddwy afon. Yn y diwedd, cytunodd y Cymry i dderbyn y ffin honno ar yr amod bod Athelstan yn gyfrifol am ei gwarchod rhag y Daniaid gan ryddhau Hywel Dda i barhau i greu undod o fewn tiriogaeth Cymru. Ychydig dros ganrif yn ddiweddarach roedd Gruffudd ap Llywelyn, gyda Chymru gyfan yn gefn iddo, yn chwalu Henffordd ac yn meddiannu'r iseldir hyd at afon Hafren. Cofiodd Glyndwr yntau am arwyddocâd y ddadl pan arweiniodd ei fyddin anferth o 10,000 o Gymry a 3,000 o Ffrancwyr at Gaerwrangon a glannau Hafren yn 1405.

Mae manylu ar ffiniau a nodi perthynas trefi a gwledydd yn gelfyddyd gain yn Henffordd. Yno, yn yr eglwys gadeiriol, mae'r Mappa Mundi – 'y map o'r byd'. Creadigaeth gain ar groen llo ydi hwnnw – y map 'cyflawn' mwyaf sydd wedi goroesi o'r Oesoedd Canol. Mae'n ddiddorol gweld bod yr holl wledydd wedi'u cynnwys o fewn cylch, gyda Jerusalem yn y canol. Tri chyfandir oedd o fewn gorwelion eu daear bryd hynny, ond mae'n anghywir tybio eu bod yn ystyried bod y byd yn fflat. Roeddent yn cymharu llwybrau dyn ar y ddaear â'r ffordd y mae pry yn cerdded o gwmpas afal.

Mae'r map wedi'i ddyddio tua 1300, ond tua dechrau'r ganrif hon daethpwyd o hyd i lyfr ym Mharis sy'n cynnwys yr holl wybodaeth y seiliwyd y map arni. Mae'r llyfr ddau can mlynedd yn hŷn na'r map. Dyn o Lincoln, Richard de Bello, a ddyluniodd y map ac un o'i nodweddion yw fod maint adeilad arno yn dynodi pa mor bwysig yw'r dref honno. Mae eglwys

Eglwys Gadeiriol Henffordd

Lincoln yn fwy na'r un adeilad yn Llundain ganddo. Mae darluniau difyr o Ardd Eden, Arch Noa a golygfeydd eraill o'r Beibl yn ei addurno. Mae dros bum cant o luniau ar y map, yn cynnwys adar a chreaduriaid – rhai'n ecsotig, fel y camel a'r eliffant, a rhai'n chwedlonol fel yr uncorn. Cawn gyfarfod ymladdwyr heb bennau, dyn efo pen ci a'r Sciapodiaid: hil ungoes oedd yn defnyddio'r un goes foncyffaidd honno i redeg yn gyflym ac i ddal y droed anferth yn gysgod rhag yr haul, fel parasôl uwch y pen.

Mae llwybrau'r fasnach sbeisys o Loegr i India yma; llwybrau'r pererinion; llwybrau'r gwyntoedd a thaith ysbrydol y ddynoliaeth o Eden i Uffern. Yn ogystal â chyfleu tiroedd, dinasoedd a ffiniau daearyddol, mae yma luniau a straeon sy'n mapio taith bywyd. Roedd yn cael ei ddefnyddio i addysgu, pregethu a hel meddyliau. Mae hanes y gorffennol ynddo a thynged y dyfodol, ond mae'n rhoi pwrpas i daith heddiw yn ogystal. Mae arno baragraffau o wybodaeth a chapsions bachog!

Mae llawer mwy o diroedd nag o foroedd ar arwynebedd byd y map hwn. Ond mae'r Môr Coch wedi'i liwio'n goch. Mae'n gosod Amwythig a Henffordd yng Nghymru ac yn ein hatgoffa mai 'Hereford in Wales' oedd enw'r ddinas honno tan ychydig ganrifoedd yn ôl. Mae inc y llun sy'n cynrychioli Henffordd bron â diflannu oddi ar y croen – hynny, medden nhw, oherwydd bod y trigolion wedi pwyntio ati dros y canrifoedd a bodio cymaint ar eu hoff dref yn y byd.

Wrth adael y gadeirlan, mae rhywun yn cael y teimlad braf ei fod wedi bod yng nghwmni'r *satnav* gwreiddiol. Mewn gwe o lwybrau, gallwch gynllunio eich taith bersonol sy'n 3D o safbwynt daearyddiaeth ac amser.

Cymru – a Henffordd – ar y Mappa Mundi

Gororau'r cwrw gorau

Yn adfeilion castell diflanedig Trefesgob, canfuwyd olion bragdy. Efallai fod y castell ei hun wedi'i ddymchwel, ond mae crefft y bragwr yn fyw iawn yn y dref o hyd. Er mor gyffredin ydi bragdai crefft lleol bellach, nid yn aml y cewch chi ddau ohonyn nhw mewn un dref. Ond dyna sydd i'w weld yma – mae'r Six Bells wrth yr eglwys yn dap-rwm i fragdy sy'n y cefn ers 1997 ac mae tafarn y Three Tunns yn gwerthu cynnyrch y bragdy drws nesaf. Trwyddedwyd hwnnw yn 1642 sy'n ei wneud yr adeilad bragu hynaf ym Mhrydain. Cymro o'r enw John Roberts sydd wedi sicrhau goroesiad yr hen fragdy. Prynodd y busnes yn y 1880au a chododd y 'tŵr bragu' sy'n rhan o'r adeilad o hyd.

Wrth ymyl yr orsaf reilffordd yn Llwydlo, mae hen warws brics anferth Marston's lle câi haidd ei storio ers talwm. Ar draws yr iard, mae Ludlow Brewery yn cynnig ei gwrw gyda balchder i'w ymwelwyr. Yng nghefn gwlad swydd Henffordd, mae hen odynau hopys traddodiadol o frics cochion i'w gweld ar nifer o ffermydd o hyd. Yn Weblai mae melin ŷd anferth a arferai gyflenwi'r diwydiant bragu lleol. Yn swydd Amwythig, cewch fragdy crefft diweddar ym mhob tref a phob dyffryn.

Nid damweiniol yw bod sôn cyson am 'gwrw Amwythig', 'cwrw Llwydlo', 'cwrw Henffordd' a 'chwrw Weble' yng nghywyddau Beirdd yr Uchelwyr. Dyma

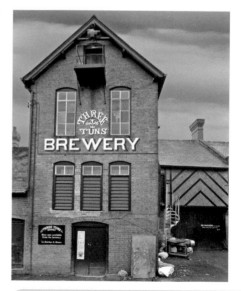

Y bragdy hynaf

oedd cwrw gorau'r Oesoedd Canol, a dyma'r cwrw oedd yn cael ei weini'n hael yn llys Sycharth gan weision Owain Glyndŵr a phob neuadd arall o Fryncynallt ger y Waun i Fasaleg yng Ngwent. Mor bell yn ôl â'r 7fed ganrif, clywn yn y gerdd fawl iddo fod Cynddylan Wyn yn mwynhau'r cwrw lleol yn ei lys ym Mhengwern, lle mae Amwythig heddiw.

Weblai oedd enw Cymry'r Oesoedd Canol ar dref Weobley, ac roedd yn adnabyddus am y cwrw da oedd yn cael ei fragu yno. Canodd y bardd Lewys Glyn Cothi gan sôn fod un o'i noddwyr ym Maesyfed yn anfon wagen yno i gyrchu'r casgenni dros y ffin. Roedd hyn yn arfer cyffredin ymysg gwŷr bonedd Maesyfed, mae'n debyg.

Mae yn y Gororau ganrifoedd o arfer y grefft o fragu'r cwrw gorau. Yn Stoke Lacy, ger Bromyard, mae'r traddodiad hwnnw'n parhau ym mragdy'r Wye Valley Brewery sy'n cynhyrchu un math newydd o gwrw bob mis o'r flwyddyn. Cafodd ei sefydlu yn 1985 a bellach mae'n cyflogi hanner cant ac yn berchen ar wyth o dafarnau ei hun. Ymysg ei gwrw penigamp mae'r

poblogaidd 'Butty Bach', sy'n llawn o'r cyfoeth a'r gymdeithas sydd o boptu'r Clawdd. Mae'r bragdy hwn yn defnyddio hopys a haidd wedi'u tyfu o fewn deng milltir i'r bragdy ar gyfer 80% o'r cynnyrch. Byddai'r ymadrodd Cymreig 'byti bach' yn gyfarwydd iawn yn y cynhaeaf hopys yn swydd Henffordd ers talwm, gan fod cannoedd yn mudo o gymoedd diwydiannol de Cymru i weithio yn y perllannau hopys pan oedd y dull o gynaeafu yn un llafurus iawn. Mae'r dywediad 'bore hel hopys' yn cael ei arfer yn swydd Henffordd am dywydd braf diwedd Awst a dechrau Medi – awyr gynnes, tarth a gwlith y bore'n cael ei ddilyn gan awyr las a heulwen a rhywfaint o ias ar yr awel.

1. Hen felin haidd Weblai; 2. Bragdy Llwydlo; 3. Bragdy Dyffryn Gwy

Hyd y 1960au roedd bron y cyfan o'r cynhaeaf hopys yn llafur a wneid â llaw. Tyfai rhai o'r rhesi hopys i uchder o 12 troedfedd ac roedd yn rhaid torri'r canghennau oedd yn cario'r dail a'r blodau a'u casglu mewn 'crud' (*crib*) – sach fras ar ffrâm bren rhyw 4 troedfedd o led a 9 troedfedd o ddyfnder. Câi'r casglwyr eu talu yn ôl y fasged ac roedd yn waith caled, ond roedd cynaeafwyr – yn llanciau, merched ifanc a theuluoedd cyfan – yn tyrru yno o ganolbarth Lloegr, cymoedd glofaol de Cymru ac o blith teuluoedd y sipsiwn. Y canu wrth y gwaith, canu wrth goelcerth fin nos a'r byw garw mewn siediau a thai allan a'r gymdeithas lawen sydd wedi'u cadw yn yr atgofion am y cyfnod hwnnw. Ar 2 Medi yn flynyddol cynhelid ffair gyflogi'r cynhaeaf hopys yn Llanllieni. Byddai ffermwyr eraill yn trefnu trenau arbennig i gludo llafur o'r ardaloedd diwydiannol i gefn gwlad swydd Henffordd.

Mae sawl theori ynglŷn â phryd a pham y tanseiliodd hopys yr arfer o ychwanegu perlysiau traddodiadol at y brag. Digwyddodd mor gynnar â'r 14eg ganrif,

Odyn hopys ar fferm yn swydd Henffordd

medd rhai, yr un pryd ag y dechreuodd y fasnach wlân â'r Iseldiroedd. Daeth yn ffasiynol am ei fod yn estron – ac yn gostus, wrth gwrs, ac felly'n arwydd o deulu cefnog. Yn ddiweddarach, câi hopys eu cysylltu â'r Almaen Brotestannaidd a phan ffraeodd Harri VIII gyda Rhufain, roedd popeth Almaenig yn plesio. Pasiodd senedd Elizabeth I ddeddf yn 1570 yn gwahardd 'bragu Pabyddol', sef defnyddio perlysiau a hen ryseitiau'r mynachod a'u tebyg. Roedd bragu drwy ddefnyddio hopys yn orfodol bellach ac roedd 'profwyr cwrw' yn cael eu penodi. Os byddai gormod o siwgr yn y cwrw, roedd y brag hwnnw'n cael ei israddio. Bu tad William Shakespeare yn profi cwrw ar ran bwrdeistref Stratford ar un adeg, a'r dull gwyddonol braidd o wneud hynny oedd tywallt peth cwrw ar fainc bren yn y dafarn ac eistedd arno am hanner awr (gan orffen gweddill y tancard, mae'n debyg). Wrth godi, os oedd tin trowsus y profwr yn glynu yn y fainc, roedd gormod o siwgr yn y cwrw.

Tref arall a gafodd enw am ei chwrw da oedd Wrecsam. Gyda'i safle addas ar ffin tiroedd tyfu haidd Caer ac Amwythig a chyda ffynhonnau o ddŵr addas at fragu yn tarddu yn y dref, daeth Wrecsam yn ganolfan brysur i fragwyr yn yr Oesoedd Canol. Dioddefodd yn arw adeg gwrthryfel Glyndŵr pan rwystrodd yr awdurdodau Seisnig gyflenwadau o ŷd rhag cyrraedd Cymru. Cwynodd Wrecsam yn daer – nid oherwydd prinder bwyd, ond oherwydd prinder haidd i fragu cwrw. Erbyn y 19eg ganrif, roedd 19 bragdy yn y dref. Yn 1882, sefydlwyd Wrexham Lager – y bragdy lager cyntaf ym Mhrydain – a ddaeth yn boblogaidd ym mhedwar ban byd, yn arbennig fel cwrw y gellid ei weini ar ddrafft ar longau.

Hen safle Lager Wrecsam

Cyfuniad sydd i'w ganfod o hyd yn y Gororau yw castell a marchnad. Dewch i Drefesgob drachefn yng ngorllewin swydd Amwythig i weld patrwm sy'n cael ei ailadrodd mewn nifer o drefi eraill rhwng Caer a Chas-gwent: olion castell cerrig ar ben bryncyn (hawdd ei amddiffyn; gwylfa dda dros wlad eang); prif westy'r dref yng nghysgod y castell (dyma lle'r oedd llys yr uchelwr yn yr Oesoedd Canol); stryd farchnad ar oledd yn disgyn yn eithaf serth (rhediad o 1 mewn 6 wrth Neuadd y Dref!) at y farchnad anifeiliaid a'r meysydd chwarae yn y gwaelod. Mae yno Neuadd y Dref a Hen Farchnad neu Farchnad Gaws neu Farchnad Fenyn. Er bod sgwâr y farchnad wedi crebachu rhywfaint yn sgil canrifoedd o adeiladu, mae ffurf y prif strydoedd yn debyg i'r hyn oeddent yn y cyfnod Normanaidd.

Hon oedd y fwrdeistref leiaf yn Lloegr pan gafodd ei sefydlu yn y 12fed ganrif. Mae'n fach, ond yn fywiog o hyd. Mae yma freintiau deniadol, arbennig – dim tâl parcio, dim wardeiniaid traffig; marchnad leol; dyddiau gŵyl difyr. Dim ond 1,700 sy'n byw yno heddiw, ond mae hynny wedi golygu bod llawer o adeiladau wedi goroesi'r canrifoedd. Mae'n ganolfan i ardal wledig eang lle mae Lloegr yn cyfarfod Cymru ac mae'n darparu llu o nwyddau a gwasanaethau ar gyfer pob angen, chwaeth ac incwm.

Mae'n dref sy'n guriad calon i gymdeithas yn ogystal ag yn gownteri gwerthu. Daw ardalwyr – a rhai o bell – yma i fwynhau siopa, cerddoriaeth, chwaraeon, cwrw'r ddau fragdy lleol, gwledda, celfyddyd, teithiau cerdded a hanes. Mae yma barti parhaus yn ogystal â bargeinio ac ocsiwn.

Robert de Losinga, Esgob Henffordd rhwng 1079 a 1095, a dderbyniodd y tir a'r hawl wreiddiol gan Gwilym Goncwerwr i godi castell yno i amddiffyn y broydd oedd wedi'u dwyn oddi ar y Cymry yn stad gyfagos yr Esgob yn Lydbury North. Codwyd castell pren ar domen tua 1087 a bu'n sefyll yno am 80 mlynedd. Cynlluniwyd 'tref newydd' yn ystod y cyfnod hwnnw rhwng y castell a'r eglwys wrth droed y bryn. Trefedigaeth 'golonial'

Ychydig o gymeriad Trefesgob heddiw

WELSH STREET
ODDS 1 - 15 ⟵ ⟶ ODDS 17 - 43
EVENS 2 - 12 EVENS 14 - 24

oedd hon, gyda chyfleoedd yn cael eu cynnig i deuluoedd oedd yn cael eu ffafrio.

Yn 1167, adeiladwyd castell o feini yn lle'r un pren. Roedd beili mewnol gyda phont grog yn ei gysylltu â'r beili isaf lle'r oedd y siopau, gweithdai'r crefftwyr – a bragdy, wrth gwrs. Ailadeiladwyd y castell yn helaeth wedi ymosodiad ffyrnig arno gan John fitz Alan, Iarll Arundel ac Arglwydd Clun. Roedd arglwyddi'r Mers yn enwog am ymosod ar ei gilydd yn ogystal ag ar y Cymry, a defnyddiwyd y rhwygiadau hyn yn aml gan dywysogion Cymreig er mwyn gwanhau'u gelynion. Apwyntiwyd y cwnstabl olaf i'r castell yn 1610, ond yn fuan aeth yn anghyfannedd. Dirywiodd yn adfail. Defnyddiwyd llawer o'r rwbel yn sylfaen i'r maes bowlio sydd bellach ar ei safle, a defnyddiwyd y meini mwyaf i wella adeiladau'r dref.

Sefydlwyd marchnad dan gysgod y castell gwreiddiol er mwyn elwa ar gynnyrch stad yr Esgob yn Lydbury North. Yn 1203, cyflwynodd y Brenin John ei siarter gyntaf i'r dref ac erbyn diwedd y ganrif honno roedd 46 bwrdais yno. Dinasyddion breintiedig oedd y bwrdeisiaid gyda hawliau fel masnachwyr neu grefftwyr oedd yn talu swm penodol i'r arglwydd yn flynyddol am yr hawl i gasglu trethi'r dref, ethol swyddogion a chynnal marchnadoedd a ffeiriau. Câi'r breintiau hyn eu cofnodi yn y siarter frenhinol.

Byddai'r werin y tu allan i'r fwrdeistref yn cael caniatâd, ar ôl talu toll, i ddod i'r dref i fasnachu ar ddyddiau penodol. Bwrdeisiaid y dref fyddai'n cael cyflenwi'r castell a'r garsiwn filwrol. Drwy gyfuno'r milwrol a'r masnachol, roedd gan gastell a bwrdeistref rym economaidd enfawr a gan fod nifer o'r bwrdeisiaid yn estroniaid i'r ardal, roeddent yn ennyn dicter a chenfigen ymysg tlodion y wlad o gwmpas. Roedd y bwrdeisiaid yn cael eu gweld fel mewnfudwyr breintiedig, hiliol yn aml, a phan fyddai'r Cymry'n gwrthryfela, byddent lawn mor barod i losgi'r trefi ag y byddent i ymosod ar y cestyll.

Derbyniodd Trefesgob siarter drefol arall gan Elizabeth I yn 1573, wedi i'r Diwygiad Protestannaidd docio ar rym yr Eglwys dan Harri VIII a throsglwyddo stadau eglwysig Lydbury North i ddwylo uchelwyr cefnog lleol. Siarter yn cyflwyno pwerau hunanlywodraethol i Gyngor y Dref oedd hon, gyda'i swyddogion a'i hynadon a'i chrwner ei hun. Arweiniodd hyn at bwerau trefol eraill fel cwnstabliaid, clerc a charchar. Yn 1584, deddfwyd fod ganddi ddau aelod seneddol a dyna fu'r drefn am ddwy ganrif, er na chododd ei phoblogaeth erioed fawr mwy na 3,000.

William Baker, pensaer y Farchnad Fenyn yn Llwydlo a Neuadd y Dref, Trefaldwyn, a gynlluniodd neuadd drefol newydd i Drefesgob a'i chwblhau erbyn 1765. Dyna gartref Cyngor y Dref hyd heddiw. Diosgwyd llygredd a thrachwant yr hen ddyddiau a chanolfan frwdfrydig, agored yw'r Neuadd heddiw, sy'n dathlu treftadaeth y dref ac yn cynllunio i ehangu'i hapêl a gwella'i chyflwr at y dyfodol.

Dyma batrwm a welwyd i fyny ac i lawr ac ar draws ac ar hyd y Gororau. Bu'r brwdfrydedd i sefydlu trefi castellog yn fwy tanbaid yma nag yn unlle arall yng ngorllewin Ewrop yn yr un cyfnod. Hon oedd y drefn orau y gwyddent amdani wrth feddiannu, rheoli ac elwa mewn ardaloedd terfysglyd. Mae Stent Lloegr yn cofnodi bod mwy o ddwysedd o fewnfudwyr o Ffrainc yn y Gororau nag yn unlle arall yn Lloegr yn 1086. Y flwyddyn honno, er enghraifft, roedd 43 bwrgais Ffrengig yn nhref Amwythig yn unig.

Saethau'r Cymry

Y tu ôl i ddrws y festri yn eglwys Cegidfa mae rhychau amlwg. Gwnaed y rhain drwy ddefnyddio'r maen i hogi pennau saethau gan helwyr a milwyr yn ystod yr Oesoedd Canol. Erbyn canol y 14eg ganrif, yn ystod teyrnasiad Edward III, roedd ymarfer cyson â bwa saeth yn orfodol drwy Loegr – ond roedd hynny'n bod yn llawer cynharach yn y Gororau. Yn aml iawn, defnyddid mynwentydd fel llefydd i ymarfer saethu ar ôl gwasanaeth y Sul. Yn fuan iawn wedi i ymosodiadau cynnar y Normaniaid arwain at sefydlu cestyll a threfi breintiedig yn y Gororau, daeth saethau'r Cymry yn rhan amlwg o'r wleidyddiaeth newydd yno.

Pan goncrwyd Lloegr gan y Normaniaid, bu ychydig o ymladdwyr yma ac acw o swydd Efrog i Wlad yr Haf yn ceisio herio eu grym milwrol. Ni chawsant arweinydd i'w huno a bu'n frwydr aneffeithiol at ei gilydd. Roedd Eadric yn rhyfelwr o'r fath yn swydd Amwythig lle daliai hanner dwsin o faenordai. Pan dderbyniodd Roger de Montgomery arglwyddiaeth oedd yn cynnwys talp helaeth o siroedd Trefaldwyn, Amwythig a Henffordd, ni fu hwnnw'n hir cyn dechrau bwyta i diroedd Eadric a'i debyg. Yn 1067, cynghreiriodd Eadric â'r tywysogion Cymreig, Bleddyn a Rhiwallon, gan ymosod ar Henffordd a chilio i loches mynyddoedd Cymru. Yn 1069, llosgwyd Amwythig ganddynt ond cafodd eu cyrch ei drechu gan Gwilym Goncwerwr ger Stafford. Llwyddodd Eadric i ffoi; cyfaddawdodd gyda'r Normaniaid am

Ôl hogi saethau wrth ddrws festri eglwys Cegidfa, Maldwyn

cyfnod ond yn 1075 roedd yn gwrthryfela drachefn, a dyna pryd, mae'n debyg, y collodd ei diroedd olaf.

Parhaodd chwedlau amdano a dywedir ei fod wedi'i gladdu rywle yng ngweithfeydd plwm bryniau Stiperstones a bod ei ysbryd i'w weld yn yr ardal o hyd. Dywedir y bydd yn dychwelyd i arwain Lloegr i ryddid ryw ddydd. Er bod coron Lloegr wedi'i chipio gan y Normaniaid, yna'r Cymry (y Tuduriaid), yr Albanwyr (y Stiwardiaid) a'r Almaenwyr (Hanoferiaid a Windsoriaid), dal i gysgu mae'r hen Eadric!

Dwi newydd glywed y gog yng Nghoed Dias, Cwm Grwyne Fawr yn y Mynydd Du ger y Fenni. Ond lle peryglus i wrando ar gerddoriaeth adar ac afon ydi'r lle yma. Hen air yn golygu 'brwydr' yw 'dias' a gwelodd y cymoedd a'r coedwigoedd hyn lawer o frwydrau dros y canrifoedd.

'Y Porth i Gymru' yw slogan dwristaidd y Fenni heddiw ac yn sicr, roedd ei safle yng ngheg dyffrynnoedd Wysg a Gafenni ac wrth droed llwybrau a bylchau'r Mynydd Du yn rhoi rheolaeth dda iddi dros y mynedfeydd i ganolbarth y wlad. Gwelodd y Rhufeiniaid hynny gan sefydlu caer Gobannium ar ddôl yr afon wrth y

dref. Daeth y Normaniaid a chodi castell tomen a beili uwch y ddôl a'i atgyfnerthu â meini yn ddiweddarach. Roedd hwn yn safle gwerth ei gadw. Chwalwyd tref y Cymry ar y safle a'u hel yr ochr arall i'r afon.

Ond yn Ebrill 1136, ymosododd carfan o Gymry ar arglwydd Normanaidd a'i osgordd yng Nghoed Dias ar y llwybr ar hyd y grib am Dalgarth a Cheredigion. Roedd hyn ar ddechrau cyfnod hir o adfer nerth y Cymry – trechodd byddin Hywel ap Maredudd o Frycheiniog Normaniaid Gŵyr ym mrwydr Garn Goch ger Abertawe ar ddydd Calan 1136; yn yr un flwyddyn, arweiniodd Gwenllian a'i meibion y Cymry yn erbyn Normaniaid Cydweli ac yna daeth Gruffudd ei gŵr ac Owain a Chadwaladr ei brodyr i drechu Normaniaid Ceredigion, Aberteifi a Chaerfyrddin fel bod gorllewin Cymru yn rhydd o ormes y Norman am 40 mlynedd.

Un o'r rhesymau dros nerth y Cymry yn y cyfnod hwn oedd yr arf newydd yn eu dwylo; y bwa hir Cymreig. Am ganrifoedd, roedd 'y bwa bach' wedi bod yn arf defnyddiol yn erbyn milwyr a wisgai ddarnau o ledr yn bennaf i'w hamddiffyn eu hunain. Bwâu bychain oedd gan y Normaniaid yn Hastings, yn ôl y tapestri

Y llwybr ar hyd y grib am Goed Dias

sy'n cofnodi'r hanes. Gan fod y Normaniaid yn gwisgo haearn dolennog i amddiffyn eu cyrff, doedd grym y bwa bach ddim yn ddigon i'w hanafu.

Yn draddodiadol, roedd cymoedd de-ddwyrain Cymru yn feithrinfa dda i saethwyr bwâu. Dyma'r arf gorau i hela yn y coedwigoedd a'r mynydd-dir. Datblygwyd yno'r bwa hirach, cryfach fyddai'n taro ymhellach ac yn chwalu drwy'r gwisgoedd haearn dolennog. Roedd hwn yn fwa o daldra dyn, yn chwe throedfedd o hyd. Datblygwyd y ddawn i'w drin, ac wedi blynyddoedd o feithrin ei grefft gallai saethwr profiadol ollwng 15 saeth y funud. Gallai saethwyr Cymreig drywanu gelynion oedd 150 metr i ffwrdd ac roedd y saethau'n farwol, yn treiddio i'r corff hyd at y plu o fewn 50 metr.

Barwn yn y Mers oedd Richard de Clare ac roedd ganddo diroedd hefyd yng Ngheredigion. Yn 1136, wedi bod yn westeion yng nghastell Aberhonddu, aeth de Clare a'i osgordd o saith marchog, eu gweision a cherddor ifanc ymlaen i'r Mynydd Du a dringo'r llwybr sy'n arwain ar hyd y grib rhwng afonydd Grwyne Fawr a Honddu. Eu nod oedd y bwlch drwy'r Mynydd Du, Talgarth ac ymlaen am Geredigion.

Ond roedd de Clare wedi gormesu'r Cymry. Disgwyliai Morgan ab Owain a'i saethwyr yng Nghoed Dias. Clywsant y cerddor ifanc yn canu'i gân i ddifyrru taith y marchogion. Canai'r afon ar lawr y cwm. Ac yn wir, efallai fod y gog yn canu'r diwrnod hwnnw hefyd. Chlywodd y Normaniaid ddim hyd yn oed su'r saethau, mae'n debyg. O fewn ychydig funudau, roedd yr osgordd i gyd yn gelain a'r Cymry wedi dial eu cam.

Parhaodd y brwydro rhwng y Normaniaid a'r Cymry am flynyddoedd yn yr ardal hon. Yn 1175 roedd Seisyllt ap Dyfnwal o Went Uchaf yn ddraenen yn ystlys William de Braose, castell y Fenni. Cafodd Seisyllt, Gruffudd ei fab, a 70 o bendefigion Gwent Uchaf eu gwahodd i gastell y Fenni gan de Braose i ddathlu'r Nadolig ac i drafod gwell dealltwriaeth rhwng y ddwy genedl. Ildiodd y Cymry eu harfau cyn mynd i mewn i neuadd y wledd.

Wedi'r gwledda, cynigiodd de Braose fod y Cymry i gyd yn tyngu llw na fyddent byth yn defnyddio'r bwa hir yn erbyn y Norman ar ôl hynny. Gwrthododd y Cymry, wrth gwrs, ac yna trowyd milwyr y Normaniaid ar y gwesteion a'u lladd. Yna aeth y llofruddion i lys Seisyllt i gymryd ei wraig ac i ladd ei etifedd olaf.

Ymhen saith mlynedd, roedd to ifanc o arweinwyr eraill wedi codi yng Ngwent Uchaf. Yn 1182, daeth Hywel ab Iorwerth, Caerllion â byddin i ymosod ar gastell y Fenni. Llosgwyd y safle a lladdwyd llawer o'r Normaniaid, ond nid oedd William de Braose yno ar y pryd. Ymhen blynyddoedd bu hwnnw farw'n gardotyn yn Ffrainc a

Dial Garreg, yn nodi man yr ymosodiad

Drws hynafol castell Cas-gwent

bu'i wraig a'i fab farw o newyn yng ngharchar Windsor.

Pan ddaeth Gerallt Gymro a'i osgordd i'r Fenni chwe blynedd yn ddiweddarach, ni allai lai na chyfeirio at gampau'r Cymry wrth drin y bwa hir. Yn ystod ymosodiad y Cymry ar y castell hwnnw yn 1182, meddai, roedd saethau'r Cymry wedi treiddio drwy ddrws derw'r tŵr mewnol – a hwnnw'n bedair modfedd o drwch. Dangoswyd pennau'r saethau iddo oedd yn bochio drwy'r pren ar ochr fewnol y drws o hyd. Roedd un saeth wedi treiddio drwy arfwisg un marchog, drwy'i haearn dolennog, drwy'i glun dde, a thrwy ledr a phren ei gyfrwy gan drywanu'r ceffyl. Trodd hwnnw'n wyllt a dyma saeth arall yn gwneud yn union yr un fath drwy glun chwith y marchog fel ei fod wedi'i garcharu yn ei gyfrwy.

Y lle i fynd i weld drws derw o'r cyfnod ydi castell Cas-gwent. Yno mae drysau derw 800 mlwydd oed, y drysau castellog hynaf yn Ewrop. Mae eu cynllun a'u crefftwaith yn chwyldroadol – yn gyfuniad o ddoniau saer adeiladu a saer llongau.

1. Beddau'r Normaniaid yn eglwys y Fenni;
2. Darlun o'r gyflafan yng nghastell y Fenni;
3. Castell y Fenni

Gerallt Gymro yn y Gororau

Yng ngwanwyn 1188, arweiniodd Gerallt Gymro (Gerald de Barri neu Giraldus Cambrensis) Baldwin, Archesgob Caergaint, ar daith recriwtio 900 milltir o hyd o amgylch Cymru. Y bwriad oedd annog y Cymry i ymuno ag ymgyrch y Drydedd Groesgad i achub Jerusalem.

Dechreuodd y daith Gymreig hon, yn arwyddocaol iawn, yn Henffordd. Derbyniodd yr osgordd o ryw 50 groeso a llety mewn cestyll ac abatai gan ddod dan adain ddiogel y tywysogion Cymreig bob cam o'r daith. Yn dilyn y siwrnai, sgwennodd Gerallt lyfr – *Itinerarium Cambriae* (Y Daith drwy Gymru), yn cofnodi'r saith wythnos gan bortreadu'r trefi a'r pentrefi yr ymwelwyd â hwy, a chofnodi straeon lleol a sylwadau am gymeriad y Cymry. Dyma fan cychwyn astudiaethau gwerin Cymreig. Yn Norman ar ochr ei dad, yn Gymro ar ochr ei fam, ac wedi'i fagu ym Maenorbŷr, Penfro, ystyriai Gerallt ei hun yn Gymro i'r carn. Daeth yn ganon yn eglwys Tyddewi ac yna'n Esgob Aberhonddu, ond siom iddo oedd na lwyddodd i greu archesgobaeth i Gymru yn seiliedig ar Dyddewi.

Mae hefyd yn rhoi darlun clir inni o natur y mynachdai a'r abatai. Nid cymunedau crefyddol yn unig oedd y rhain – roeddent yn cynnig llety a lluniaeth i deithwyr a phererinion, yn gofalu am y tlodion ac yn aml yn elfen bwysig yn economi a gwleidyddiaeth y gwahanol daleithiau.

Gyda'r Normaniaid, daeth ymchwydd sydyn yn nifer yr adeiladau crefyddol a godwyd, ac mae olion a dylanwad y rheiny yn amlwg iawn yn y Gororau. Codwyd eglwysi Normanaidd yn lle'r eglwysi i seintiau Celtaidd a Sacsonaidd a sefydlwyd mynachlogydd Ffrengig eu harddull. Gan fod rhannau helaeth o'r Gororau'n gymharol dlawd erbyn diwedd yr Oesoedd Canol, nid oedd arian i ddiweddaru ac ailadeiladu ac felly mae cyfoeth o bensaernïaeth ganoloesol wedi goroesi yn yr ardaloedd hyn.

Mynachlogydd Benedictaidd a gyflwynwyd gan y Normaniaid cynharaf –

1. *Gweddillion y groes yng Ngheintun;*
2. *Abaty Much Wenlock;* 3. *Abaty Deur;*
4. *Abaty Llanhonddu*

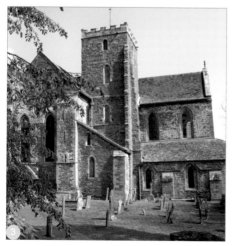

dyna'r abatai a welir yng Nghaer ac Amwythig ac oedd yn rhan o'r eglwys sydd yn Llanllieni. Yn niwedd yr 11eg ganrif sefydlwyd abaty Urdd Cluny yn Much Wenlock, a oedd yn urdd ganolog a gormesol gyda'r grym yn nwylo'r mam-fynachlogydd yn La Charité a Cluny yn Ffrainc. Daeth yr urdd hon i ben yn Lloegr yn ystod y rhyfel â Ffrainc yn 1295.

Yng nghanol y 12fed ganrif, daeth y Sistersiaid yn urdd boblogaidd yng Nghymru a'r Gororau. Cefn gwlad, nid y canolfannau dinesig, oedd dewis y Sistersiaid gan ymrwymo i fywyd syml, tlodaidd a gwaith caled ar y tir. Sefydlwyd Abaty Tyndyrn yn Nyffryn Gwy yn 1131, y fynachlog Sistersaidd gyntaf yng Nghymru. Dilynwyd hi gan nifer o rai eraill gan yr

1. Abaty Tyndyrn;
2. Abaty Cwm-hir; 3. Abaty Glyn-y-groes

urdd ar hyd y Gororau: Abbey Dore ysblennydd sydd bellach yn eglwys yn Nyffryn Deur; Llanhonddu, ger eglwys Dewi yn y Mynydd Du; Glyn-y-groes ger Llangollen; Ystrad Marchell ger y Trallwng; Dinas Basing ger Treffynnon ac Abaty Cwm-hir ym Maesyfed. Roedd pob un o'r tai hyn yn annibynnol, yn ethol ei abad ei hun ac yn tueddu i ochri gyda'r arweinwyr gwleidyddol lleol. Dyma'r urdd a dderbyniodd y nawdd helaethaf o ddigon gan y tywysogion Cymreig. Caent eu galw'n 'fynaich gwyn' gan y Cymry oherwydd lliw eu gwisg a gwnaethant lawer yn eu cymoedd gwledig i glirio coed, aredig, cyflwyno defaid i fyd amaeth a'r diwydiant gwlân i'r economi leol. Roedd tair mil o ddefaid yn niadell Abbey Dore erbyn diwedd y 13eg ac roedd tŷ Sistersaidd arall yn swydd Amwythig – Abaty Buildwas – yn allforio gwlân i fasnachwyr Fflandrys mor gynnar ag 1264.

Dilynodd Gerallt a'r osgordd lannau afon Gwy o Henffordd i gyfeiriad Clawdd Offa a chyflwynodd yr Archesgob ei araith gyntaf, mae'n debyg, wrth y groes y tu allan i eglwys Ceintun. Yno roedd y castell a'r eglwys yn sefyll yn agos at ei gilydd ym mhen uchaf y dref – nodwedd gyffredin yng nghynllluniau'r Normaniaid. Roedd yn cadarnhau bod cysylltiad agos rhwng cyfraith Duw a chyfraith y teyrn. Mae nifer o 'groesau pregethu' y tu allan i eglwysi yng Nghymru a'r Gororau – yn aml iawn, roedd y gwasanaethau'n cael eu cynnal yn yr awyr agored, a seremonïau priodasol yn aml ar risiau'r eglwys. Câi eglwysi eu hadeiladu fel sguboriau, i roi lloches i bererinion a chrwydriaid ac ar gyfer gwasanaethau tywydd gwael.

Ymlaen i Faesyfed, lle'r oedd Rhys ap Gruffudd, tywysog y Deheubarth, yn bresennol, yna drwy Lasgwm a Llan-ddew i Aberhonddu, lle mae sylfeini Normanaidd yr eglwys gadeiriol i'w gweld

ar ei hochr ddwyreiniol o hyd. Er nad ymwelodd yr osgordd ag Abaty Llanhonddu, ni allasai Gerallt lai na sôn am y lle rhyfeddol hwnnw yn ei lyfr taith a gellir casglu mai dyma un o'i hoff fannau drwy Gymru benbaladr. Mae'n gwm cul, serth yn y Mynydd Du – lled tair ergyd saeth gan saethwr y bwa hir Cymreig, yn ôl Gerallt. Gallai saethwr o Gymro anfon ergyd dros 200 metr yn rhwydd.

Sefydlodd Dewi Sant eglwys ar y safle yn y 6ed ganrif – Llanddewi Nant Honddu – ac yn ddiweddarach daeth marchog Normanaidd o un o deuluoedd pwerus y Gororau yno, William de Lacy. Rhyfeddodd at naws ysbrydol ac unigedd y lle a chododd eglwys fechan yno'n lloches iddo'i hun. Dywedir na thynnodd ei arfwisg oddi amdano fyth ar ôl hynny – naill ai oherwydd rhyw benyd yr oedd wedi'i roi arno'i hun neu efallai oherwydd i'r uniadau rydu yn nhywydd llaith y cwm. Codwyd yr eglwys yn y fath fodd fel bod pelydrau bore Mawrth 1af, Dydd Gŵyl Dewi, yn taro ar allor ynddi. Tyfodd i fod yn fynachlog Awstinaidd ond symudwyd ei thrysorau mewn amser i Gaerloyw gan y Normaniaid. Sefydlwyd abaty Sistersaidd yno yn 1175, ac adfeiliodd yr adeiladau wedi iddo gael ei ddiddymu yn 1538. Adeiladwyd llety hela yno ar ddechrau'r 19eg ganrif a drodd yn westy yn y ganrif ddiwethaf. Dyma un abaty y gellir blasu'i seler win a chwrw yn ein dyddiau ni.

Bedair milltir yn uwch i fyny'r cwm mae Capel-y-ffin. Daeth diacon Anglicanaidd, a alwai'i hun 'y Tad Ignatius', i ailsefydlu mynachaeth Seisnig yn yr ardal yn 1870. Ceisiodd brynu adfeilion Priordy Llanhonddu a phan aeth hynny i'r gwellt, penderfynodd godi mynachdy newydd yng Nghapel-y-ffin. Cododd arian drwy deithiau pregethu a llwyddodd ei bersonoliaeth garismataidd i ddenu dilynwyr yno nes iddo farw yn 1908. Aeth y fynachlog fach hon yn adfail hefyd ond mae carreg fedd y Tad Ignatius i'w gweld yn y gangell hyd heddiw. Mae anhedd-dai'r fynachlog gerllaw yn dŷ bellach. Fe'u prynwyd yn 1924 gan y cerflunydd a'r dylunydd Eric Gill oedd am sefydlu cymuned artistig yno, a bu David Jones yn rhan ohoni am gyfnod.

Mae maint Abaty Amwythig heddiw, lle'r arhosodd Gerallt a'i osgordd am dair noson, mae'n debyg, yn cyfleu anferthedd yr adeiladau hyn yn yr Oesoedd Canol. Mae llawer o'r hen abaty ar lan afon Hafren wedi diflannu dan ffyrdd a strydoedd o dai ers canrifoedd, ond gellir dychmygu maint y sefydliad gwreiddiol o'r hyn sy'n weddill. Roedd hwn yn abaty eithriadol o bwerus a chyfoethog, gyda hawliau trethu a masnachu eang, yn cynnwys tair melin.

Ond doedd hyd yn oed hynny ddim yn ddigon. Yn 1137, wedi llygadu'r llewyrch a welai mewn canolfannau i bererinion, trefnodd yr Abad Herbert fod gweddillion Santes Gwenfrewi yn cael eu codi o'i bedd yng Ngwytherin a'u hailgladdu mewn cysegrfan yn adain orllewinol Abaty Amwythig.

Uchod: Ffenest liw Gwenfrewi yn Amwythig
1. Abaty Amwythig; 2. Cysegr Gwenfrewi
3. Capel Bedyddwyr Capel-y-ffin

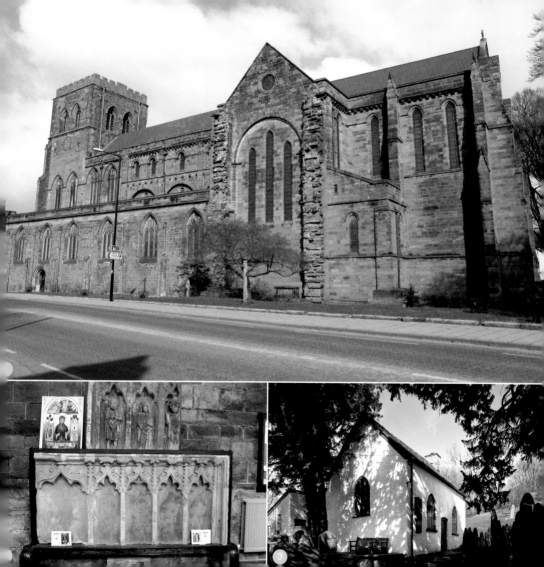

Cestyll cynddaredd

Wedi dod i mewn drwy borth gorllewinol muriau tref Cas-gwent, mae tair mainc i wag-swmera arnynt. Mae'r porthdy wedi'i ailadeiladu ac yn gartref i Gyngor y Dref erbyn heddiw. Ar y meinciau mae dyfyniadau yn y ddwy iaith – 'Man pwyso a mesur / A place to weigh and measure'. Atgof o ddyddiau marchnad a Chymry'r wlad yn dod â'u nwyddau i'r dref, mae'n siŵr. Roedd yn rhaid tjecio mesuriadau'r taclau hynny. I'r dwyrain a'r de mae aberoedd Gwy a Hafren a throedle gan y Norman yn ei gastell ar y clogwyn. O'r tir y byddai'r Cymry'n cyrraedd yno ac mae adlais o hen ofnau'r Norman yn y cwpled ar fainc arall:

> He who by land would enter Chepstow Town
> Must quit his horse and lead him gently down.

Tomen foel ydi'r castell yn Llanbedr Castell-paen erbyn heddiw, ond mae'n dal i wgu dros y pentref bach. Mae'r safle'n werth ei weld, gyda'i ffosydd dwfn a llydan o gylch y beili. Cymry a Norman bob yn ail fu yma ers i Payne fitz John gael troedle yma cyn iddo farw yn 1136. Daeth yr Arglwydd Rhys heibio a'i falu yn 1196, ond yn 1198 collodd Gwenwynwyn o Bowys dair mil o filwyr wrth i fyddin o Loegr ddisgyn arno tra oedd yn ei warchae. Bu William de Braose a'i wraig yma – Maud Walbi oedd yr enw llafar gwlad arni ac i bobl yr ardal roedd yn ddewines, lladrones a bwgan. Defnyddid ei henw i ddychryn plant hyd ddechrau'r 20fed ganrif. Bu farw William yn alltud yn Ffrainc yn 1211, a chlowyd Maud a'i mab yn un o gelloedd y Brenin John yng Nghastell Windsor lle cafodd y ddau eu llwgu i farwolaeth. Does dim ar ôl o gastell cerrig Harri III yng Nghastell-paen – Cymreigiwyd y cerrig wrth eu cymryd i godi ysguboriau a helaethu'r tai a chodi ysgol i'r ardal.

Ymosododd Harri II bedair gwaith ar Gymru gyda byddinoedd anferth rhwng 1157 ac 1165. Wedi'r frwydr ffyrnig yng Nghoed Crogen yn 1165 ar lethrau isaf Dyffryn Ceiriog, a byddin Harri II wedi'i threchu gan dactegau gerila dewr a phenderfynol y Cymry, trodd y Saeson am

1. Tomen Castell-paun;
2. Porth tref Cas-gwent;
3. Rhan o Ffordd y Saeson ar y Berwyn

y mynydd-dir gan fwriadu croesi'r Berwyn i ymosod ar Wynedd. Aethant i ddannedd y stormydd Awst ffyrnicaf a welwyd ers blynyddoedd. Doedd eu milwyr arfog, eu meirch rhyfel trwm a'u troliau llwythog yn dda i ddim mewn tir mawnog a hithau'n arllwys y glaw ac yn taflu ambell gawod o genllysg. Wedi crwydro'n ddiamcan am rai wythnosau, aeth y fyddin druenus yn ôl i Loegr gan adael troliau llawn anrhegion i'r Cymry. Gelwir llwybr y fyddin honno yn 'Ffordd y Saeson' hyd heddiw a bu'r porthmyn yn defnyddio rhannau ohoni mewn oes ddiweddarach. Wnaeth y storm ar Ferwyn ddim boddi dicter Harri II chwaith. Aeth yn ôl i Loegr a gorchymyn tynnu llygaid o bennau dau ar hugain o feibion tywysogion Cymru a ddaliai'n wystlon.

Cadwallon o Faelienydd a sefydlodd Abaty Cwm-hir. Cafodd ei ladd gan filwyr Roger Mortimer yn 1177 pan oedd ar ei ffordd adref o lys y brenin dan saffcwndid. Hanner canrif yn ddiweddarach, arhosai Harri III a'i osgordd yng nghastell y Grysmwnt yn 1233 gan gredu ei fod yn ddigon pell oddi wrth y Cymry terfysglyd. Cafodd ail pan ymosododd Llywelyn Fawr a'i fyddin ar y castell hwnnw am noson gan orfodi Harri a'i wraig i ddianc oddi yno yn eu dillad nos.

Am gannoedd o flynyddoedd, hanes o ddwyn a dial sydd yn y Gororau. Ffurfiwyd chwe sir frenhinol yng Nghymru yn Statud Rhuddlan 1284 lle'r oedd siryfion ac ustusiaid Seisnig yn llywodraethu. Roedd gweddill Cymru – y Gororau – dan fawd hanner lleuad o arglwyddiaethau yr oedd eu rheolwyr wedi arfer cael eu ffordd eu hunain wrth drafod y brodorion. Ond i ganol hyn i gyd, taniwyd y gwrthryfel hwyaf a welwyd yn holl hanes yr Ymerodraeth Brydeinig.

I'r de o Lansilin, mae tomen bridd ganoloesol ddigon anodd dod o hyd iddi. Roedd yma lys castellog, parciau a

Safle Sycharth

llynnoedd pysgod ar un adeg. Yn fwy na hynny, roedd yma deulu uchelwrol Cymreig oedd yn hael ei groeso, yn noddi beirdd ac yn llaw gadarn wrth amddiffyn y bobl hyn oedd yn byw mor agos at rym y Normaniaid. Dyma Sycharth, llys Owain Glyndŵr, a phwy bynnag fu'r cwmni yn y car, bu pob ymweliad â'r domen a'i derw hynafol yn hynod gofiadwy. Adrodd darnau o gywydd mawl Iolo Goch, yfed potel o win i gofio'r dathliadau ac adrodd hanes ymosodiad y Saeson a'r tân a fu'n ddiwedd ar y llys pren yn 1403. Ond diwedd diddiwedd fu i stori Sycharth, fel i freuddwyd Glyndŵr ei hun am ddyfodol ei wlad.

Yn ystod blynyddoedd cynnar y 15fed ganrif, roedd dau yn hawlio'r teitl 'Tywysog Cymru'. Roedd un – y Tywysog Harri (Hal) – yn fab i frenin Lloegr ac wedi'i urddo â'r teitl gan ei dad yn Llundain yn 1399. Roedd y llall wedi'i gyhoeddi'n Dywysog Cymru gan senedd Cymru gyfan ym Machynlleth. Asgwrn go fawr yng nghynnen y gwrthryfel oedd gan bwy roedd yr hawl i lywodraethu Cymru.

Tref farchnad Gymraeg ydi Rhuthun heddiw ac wrth ymweld â hi, mae'n anodd dychmygu mai canolfan ormesol i'r drefn goloneiddio oedd hi 600 mlynedd yn ôl. Ar ddiwrnod marchnad ar 18 Medi 1400 ymosododd 300 o Gymry arfog arni gan ei llosgi i'r llawr. Owain Glyndŵr oedd eu harweinydd a dyma ddechrau gwrthryfel cenedlaethol a fyddai'n ymestyn dros y 15 mlynedd nesaf. Dechreuodd ar dân, yn llythrennol. Nid oedd y fyddin fechan am oedi ac yn yr wythnos a ddilynodd, aeth ymlaen i ymosod ar drefedigaethau'r Saeson yn Ninbych, Rhuddlan, y Fflint, Penarlâg, Croesoswallt a'r Trallwng cyn cilio i'r mynyddoedd a'r niwl i ddisgwyl am eu cyfle nesaf.

Ychydig o dai a godwyd cyn 1400 sydd wedi goroesi yng Nghymru. Roedd canrifoedd o gam a cholled y tu ôl i fflamau Glyndŵr ac ni lwyddodd yr un dref na'r un castell yng Nghymru i osgoi'r ymosodiadau penderfynol. Dyma i bob pwrpas ddiwedd ar rym llywodraeth y cestyll a'r trefi breintiedig. Roedd gan Glyndŵr a'i ddilynwyr drwy Gymru benbaladr weledigaeth ar gyfer trefn newydd Gymreig o lywodraethu'r wlad. Byddai 600 mlynedd arall cyn gwireddu'r freuddwyd honno, ond roedd y gwrthryfel yn ddigwyddiad hanesyddol mor bwysig yn natblygiad y genedl nes iddo ddylanwadu ar wleidyddiaeth Gymreig ar hyd y cyfnod modern.

Mae'n arwyddocaol mai yn Rhuthun y dechreuodd y cyfan. Reginald de Grey oedd yr arglwydd Normanaidd yn y castell yno ac roedd yn sathrwr hawliau ac yn lleidr tir heb ei ail. Yn Ebrill 1402, llwyddodd Glyndŵr i'w ddenu allan o gadernid ei gastell a'i dywys i drap. Cafodd ef a'i fab eu dal a'u carcharu yn Nolbadarn nes y talwyd 10,000 marc o bridwerth amdanynt. Ni chododd de Grey arf yn erbyn y Cymry fyth ar ôl hynny.

Yn ystod gwrthryfel 1400–1415, ymosododd Glyndŵr a'i ddilynwyr ar bron bob sefydliad Normanaidd yn y Gororau, boed gastell, tref freintiedig neu abaty gormesol. Enillodd y Cymry fuddugoliaethau nodedig yn yr ardaloedd hyn – ym mrwydr Bryn Glas 1402 a brwydr Craig y Dorth 1404 ar fraich o fryniau i'r de o Drefynwy. Gyda'i dacteg graff arferol o ddal y tir uchel wrth ymosod ar elyn mwy niferus, chwalodd fyddin y Saeson yn llwyr yng Nghraig y Dorth a'u hymlid am bum milltir yr holl ffordd at y porth ym muriau Trefynwy.

* * *

Wrth ymweld â Chas-gwent, roeddwn wedi parcio'r car ar stryd ar y cyffiniau, gan fynd gyda beic o amgylch y dref. Pan ddois yn ôl at y car, roedd dau blismon yn ei warchod. Erbyn dallt, ffordd i barcio arni gan breswylwyr yn unig oedd honno. Roedden nhw ar fin rhoi tocyn imi, esboniodd un o'r plismyn, ond gan fy mod wedi dod yr holl ffordd o Wynedd roeddwn yn cael maddeuant am y tro. Roeddwn i'n ddiolchgar iawn i blismyn Gwent y diwrnod hwnnw ac yn falch iawn fod cyfraith a threfn y Normaniaid wedi dod i ben yn yr hen dref hanesyddol honno!

Eglwys Pyllalai,
wrth safle brwydr Bryn Glas, 1402

Trefi coll a threfi llawn cymeriad

Mae un o lythrennau arwydd yr unig dafarn sydd yma – y Radnor Arms – wedi disgyn, ond does neb wedi cael amser eto i'w rhoi'n ôl yn ei lle. Nid oes marchnad ar Stryd y Farchnad (Broad Street). Mae'r hen Neuadd y Dref wedi colli'i statws ac mae Maesyfed (Trefaesyfed yn wreiddiol), a arferai fod yn dref sirol gyda'i llys barn ei hun, bellach yn cystadlu mewn cystadlaethau 'pentref tlysaf'. Lleolid yr orsaf reilffordd hanner milltir y tu allan iddi ond caewyd honno yn 1951. Caeodd y clwb golff yn 1934 a swyddfa'r post yn 2008. Do, bu Owain Glyndŵr a'i wrthryfelwyr yma gan gipio'r castell Normanaidd a llosgi'r dref goloni, ond ailarfogwyd y lle gan Harri IV yn 1405. Ar ôl hynny, dirywio'n raddol oedd hanes y sefydliad milwrol. Erbyn hyn nid oes carreg ar garreg o waliau'r goresgynwyr, dim ond ychydig o fonciau glaswelltog uwch y brif stryd. Mae hynny o strydoedd sy'n weddill wedi'u cadw'n union i batrwm y cynllun Normanaidd, ond mae teimlad bod llawer llai ohonynt erbyn hyn. Mae fel cerdded o gwmpas Maes yr Eisteddfod wythnos ar ôl yr ŵyl.

Mae'n demtasiwn meddwl bod pob tref yn y Gororau yn fodel o farchnad leol, lewyrchus, ond mewn gwirionedd mae digon o enghreifftiau o ymdrechion i goloneiddio'r economi leol yn disgyn yn fflat fel crempogau. Yn Huntington ger Ceintun, mae olion crychau petryal mewn porfa i ddefaid a gwartheg lle rhoddwyd siarter i gynnal marchnad a hawliau bwrgeiswyr yn nyddiau'r Normaniaid. Yng Nghastell Cawres, ym mhlwyf Westbury wrth droed Cefn Digoll rhwng Amwythig a Threfaldwyn, mae priddgloddiau anferth tref gaerog a chastell y teulu Corbet, a godwyd yn 1198 gyda'r enw'n dwyn i gof ardal enedigol y teulu yn Normandi, Pays de Caux, wrth aber afon Seine. Yn 1349, roedd 58 bwrgais yn byw yno ond llosgwyd rhan helaeth o'r dref adeg gwrthryfel Gruffudd Fychan. Fesul dipyn, aeth y mawredd yn ôl i'r mynydd. Dim ond yr enw ac un fferm sy'n aros.

Uwch afon Ieithon ar gyrion Llandrindod, mae olion Cefn-llys o dan y tyweirch. Bu hwn yn gastell ac yn dref farchnad ar eithafion gorllewinol arglwyddiaeth y teulu Mortimer ers y

1240au. Roedd 20 bwrgais yno yn 1332 ac fe'i cofnodwyd fel bwrdeistref yn 1360. Ond mae'n rhaid cael dyffryndir bras i gynnal marchnad, meddir, a doedd y safle hwn yn yr ucheldir ddim yn un ffafriol. Bu'n adfeilio ers yr Oesoedd Canol ond parhaodd yn un o'r 'rotten boroughs' gyda'i hawl i benodi aelod seneddol hyd ddechrau'r 20fed ganrif.

Mae rhai o'r safleoedd hyn mor wledig heddiw fel ei bod hi'n anodd dychmygu pam fod neb erioed wedi dychmygu y byddai modd i sefydliad trefol ffynnu yno. Y cestyll ddaeth yn gyntaf, wrth gwrs – roedd yn rhaid i'r ymosodwyr ddal safleoedd cryf er mwyn cael rheolaeth filwrol dros ranbarth. Wedi cael troedle i'r fyddin, y bwriad oedd rheoli'r economi ac elwa ar y farchnad gynnyrch leol. Ond doedd pob man addas i gastell ddim o reidrwydd yn fan addas i farchnad. Mae Richard's Castle ger Llwydlo yn adfeilion digyffro bellach, a'r unig beth sy'n sefyll o'r hen dref yw eglwys Bartholomew Sant. Safle milwrol arall a fethodd addasu i fod yn ganolfan economaidd yw hwn. Ar esgair uchel, roedd yn rhy agos at y dref lwyddiannus a dyfodd yn Llwydlo. Pan drodd y dref yn bentref, symudodd y boblogaeth i lawr y dyffryn ac yno ar y

1. Gweddillion castell Wigmore;
2. Mynwent a chastell Llanddewi Cil Peddeg

ffordd o Lwydlo i Ferwyn mae Richard's Castle erbyn hyn.

Yn Nhre-hir, wrth droed y Mynydd Du ochr swydd Henffordd i'r Clawdd, cae bellach ydi maes marchnad y Normaniaid ddaeth yno o Lassy yn Calvados. Gwobrwywyd Walter ac Ilbert de Lacy gan Gwilym Goncwerwr am eu rhan yn gorchfygu'r Saeson drwy roi stadau helaeth iddynt ar ororau Cymru. Tyfodd tref fawr yng nghysgod yr eglwys ond erbyn 1403, roedd y castell yn troi'n adfail. Aeth y farchnad dan laswellt.

Yn Llanddewi Cil Peddeg, yn nhalaith Gymreig Ergin, mae cwrs y farchnad yn fwy graffig na hynny hyd yn oed. Mynwent yr eglwys sydd bellach yn ymestyn dros yr hyn oedd yn dref oedd yn eiddo i William fitz Norman. Roedd hon yn dref o tua 800 o bobl yn yr Oesoedd Canol ond rhyw 150 sy'n byw yn y plwyf bellach. Cafodd golledion enbyd pan ddaeth y pla heibio ac ni chafodd ei chefn ati wedyn. O ran treftadaeth, mae hynny wedi bod yn werthfawr iddi. Pe byddai'i phoblogaeth wedi tyfu, byddai'r eglwys gerfiedig hardd a hynod sydd i'w gweld yno o hyd wedi cael ei chwalu i wneud lle i horwth o hangar cysegredig i'r Fictoriaid, mae'n fwy na thebyg.

Dim ond fferm, Caus Castle Farm, sydd rhwng Rowley a Westbury i'r dwyrain o'r Trallwng i nodi lle'r oedd unwaith gastell Normanaidd a thref farchnad o 60 o dai. Cymry oedd yn byw yn yr ardal bryd hynny a Chastell Cawres oedd ei henw. Yno yn Awst 1443 y cynhaliwyd twrnament pan laddodd Gruffudd Fychan – Cymro gyda chryn brofiad o ymladd yn Ffrainc – farchog ifanc addawol o'r enw Christopher Talbot. Penderfynodd yr awdurdodau fod y Cymro wedi lladd y Norman yn fwriadol – roedd ei deulu wedi cefnogi Glyndŵr. Rhoddwyd pris ar ei ben a bu Gruffudd ar ffo am bedair blynedd. Yna, gwahoddwyd ef gan y Normaniaid i'r Castell Coch, ger y Trallwng, gan sicrhau ei ddiogelwch. Cyn gynted ag y cyrhaeddodd yno, cafodd ei ddienyddio.

Mae'r Gororau yn llawn o olion a hanesion tebyg. Cryfder y barwniaid oedd eu gwendid hefyd mewn rhai achosion. Roedd pob arglwydd Normanaidd yn annibynnol, gyda'i fyddin ei hun. Gyda thrwydded i fentro tua'r gorllewin, bachu tiroedd ac ymgyfoethogi, y nod wrth gwrs oedd troi'r costau milwrol yn enillion yn y farchnad leol. Dyna holl ddiben coloneiddio. Os rhywbeth, bu'r Norman yn rhy effeithiol, rhy fachog – roedd cymaint o gestyll i'r filltir sgwâr yn golygu nad oedd digon o ddyffryndir ar ôl i'w rannu i greu marchnadoedd llwyddiannus iddynt i gyd. Yn y diwedd, roedd y coloneiddwyr yn gorfod cystadlu yn erbyn ei gilydd ac aeth yr hwch ar duth drwy siopau nifer ohonynt.

Beth am y trefi a oroesodd? Rhan o'u rhamant i ymwelydd achlysurol yw bod blas yr hen oes wedi goroesi yno. Mewn nifer ohonynt, cadwyd hen adeiladau a phatrymau strydoedd. Ni welwyd datblygiadau trefol nodweddiadol o ddiwedd yr 20fed ganrif: meysydd parcio aml-lawr, presincts siopau byd-eang, archfarchnadoedd. Gan fod cymaint ohonynt, roedd yn rhaid i'r rhan helaethaf ohonynt fodloni ar fod yn drefi bychain, cymunedol yn gwasanaethu ardal weddol gryno. Nid oedd lle i ehangu; nid oedd cyfiawnhad economaidd dros 'foderneiddio', fel y galwyd y chwalu a'r malu a ddigwyddodd mewn trefi eraill. Drwy lwc, y cyfyngiadau hyn a gadwodd naws gartrefol ac unigryw nifer o drefi marchnad y Gororau – maent yn gwasanaethu eu broydd heddiw, ond yn cynnwys talp go dda o werthoedd ddoe.

Ond mae rhai o'r bwrdeistrefi wedi goroesi, wrth gwrs. Yn Weblai ger Llanllieni, mae yna deimlad o gamu'n ôl i'r hen oes. Mae'n dref sy'n teimlo'n bentrefol braf a maes eang ei marchnad yn atgof o gynlluniau trefol yr Oesoedd Canol. Mae yno blac pensaernïol bron ar bob adeilad ac mae'n gyfuniad hyfryd o uchelgais ddoe a ffydd heddiw. Ar ddechrau'r 12fed ganrif, creodd teulu pwerus y de Lacys fwrdeistref a chastell yno. Gallwch gerdded drwy safle'r castell heddiw gan weld dim ond ychydig ffosydd a llun o'r mawredd a fu ar fwrdd treftadaeth. Ond mae rhyw falchder yn yr adeiladau sy'n sefyll yn y dref ac yn y cynnyrch sydd ar werth yno.

Weblai

Llwydlo - prifddinas Cymru

Aeddan oedd enw arglwydd y Grysmwnt pan sefydlwyd yr eglwys yno. Roedd yn hoff iawn o rosys cochion a phlannodd lwyni ohonynt o amgylch y llan. Enw'r pentref bryd hynny oedd Rhoslwyn. Yn 1267, derbyniodd Edmwnd, Iarll Lancaster, gestyll y Teirtref – y Grysmwnt, Ynysgynwraidd a'r Castell Gwyn – gan Harri III a dyna pryd y mabwysiadwyd y rhosyn coch yn arfbais i'w deulu.

Daeth y rhosyn hwnnw, a'r brwydrau a fu rhyngddo a'r rhosyn gwyn, yn rhan amlwg o hanes terfysgol y Gororau. Y coch enillodd y frwydr ger Llwydlo yn 1459 ond y gwyn gafodd y llaw uchaf yn Mortimer's Cross, 1461. Daliwyd Owain Tudur, priod Catherine, gweddw Harri V, yn y frwydr honno a chafodd ei ddienyddio ar sgwâr y farchnad, Henffordd. Cyn rhoi ei ben ar y blocyn o flaen y dienyddiwr, dywedodd y geiriau cofiadwy hyn, mae'n debyg: 'Caiff y pen hwn, a hoffai bwyso ar fynwes brenhines, orffwys yn awr ar y pren'.

Ŵyr i Owain, Harri Tudur, ddaeth â'r rhyfeloedd hynny i ben. Yn 1485, cododd fyddin yng Nghymru ac ar ôl croesi'r ffin i Loegr, anelodd tuag Amwythig.

Gwrthodwyd mynediad iddo gan y beili Thomas Mytton, gan gyhoeddi mai dim ond ar draws ei fol ei hun y caniatâi i Harri ddod i mewn i'r dref. Ofnai'r trigolion i'r fyddin ymosod arnynt a chreu difrod ac yn y diwedd perswadiwyd y beili i newid ei feddwl. Ond sut allai wneud hynny a chadw wyneb? Yn wleidydd hyd flaenau'i fysedd, aeth at y Bont Gymreig i gyfarfod Harri, gorwedd arni a gwahodd y darpar frenin i gamu dros ei fol ar ei ffordd i'r dref.

Arhosodd Harri mewn adeilad yn Wyle Cop sydd bellach yn dafarn sy'n dwyn ei enw, gyda'i fyddin bersonol yn y tai allan – Barracks Passage yw enw'r hwylfa honno erbyn hyn. Ers y frwydr yn Bosworth, mae coel yn Amwythig fod wynebau rhai o'r milwyr i'w gweld yn ffenestri'r dafarn – ysbrydion y Cymry meirw ydi'r rhain, meddir, ar eu ffordd adref i hedd yr hen wlad.

1. Coflech Owain Tudur yn Henffordd;
2. Tafarn Harri Tudur yn Amwythig;
3. Ffenest Arthur, eglwys Llwydlo;
4. Castell Llwydlo – prif gartref Cyngor Cymru

Y Gororau

Yn 1472, sefydlwyd Cyngor Cymru gan Edward IV yn y castell yn Llwydlo i reoli ei diroedd yng Nghymru a'r Mers. Wedi Bosworth, priododd Harri VII Elizabeth o Iorc a daeth stadau'r teulu yn ardal Llwydlo a Wigmore i'w ddwylo. Yn 1486, ganwyd Arthur eu mab ac yn bedair blwydd oed cafodd ei enwi yn 'warden y Gororau i gyd'. Ailsefydlwyd Cyngor Cymru a'r Gororau yn Llwydlo ac yn 1501, y castell hwnnw a wnaed yn gartref i Arthur gyda chyfrifoldeb i lywyddu'r Cyngor. Yno, chwe mis ar ôl ei briodas â Catherine o Aragon, y bu farw Arthur. Mae coed wylofus ar lwybr ei angladd drwy Cleobury Mortimer yn cofio'r achlysur hyd heddiw. Mae arch Arthur yng Nghaerwrangon, ond claddwyd ei galon ym mynwent St Laurence, Llwydlo – yr eglwys blwyf fwyaf yn Lloegr.

Am dros 200 mlynedd, Llwydlo oedd prifddinas weinyddol Cymru, er bod y Cyngor yn cyfarfod o dro i dro yn y Council House yn Amwythig a rhai cestyll brenhinol yn y Gororau. Oherwydd y defnydd hwn, goroesodd rhai o gestyll y Gororau hyd ddechrau'r cyfnod modern.

Pan basiwyd Deddfau Cyfreithiau Cymru 1536–1542, diddymwyd awdurdod arglwyddi'r Mers gan lyncu Cymru i mewn i weinyddiaeth Lloegr. Crëwyd rhagor o siroedd ar ochr Cymru i'r ffin a dyma'r adeg pan drosglwyddwyd sawl ardal Gymreig i diriogaeth siroedd Seisnig. Llyncwyd Llwydlo, Clun, Castell Cawres a rhan o Faldwyn gan swydd Amwythig; aeth Wigmore, Huntington, Cliffordd a'r rhan fwyaf o Ewyas i swydd Henffordd a rhan o Gas-gwent, i'r dwyrain o afon Gwy, i swydd Gaerloyw.

Ymestynnwyd pwerau Cyngor Cymru a'r Gororau gyda chyfrifoldebau dros Gymru gyfan a hefyd siroedd Caer, Amwythig, Henffordd, Caerwrangon a Chaerloyw. Eithriwyd dinas Bryste o'r awdurdod hwn yn 1562 a swydd Gaer yn 1569.

Tŷ i swyddogion Cyngor Cymru a'r Gororau oedd tafarn y Feathers yn Llwydlo ar ddechrau'r 17eg ganrif. Daeth yn dafarn yn 1670 ac ychwanegwyd balconi iddi yng nghanol y 19eg ganrif ar gyfer ymgyrchoedd etholiadol. Heb os, daeth mantais ariannol a masnachol i Lwydlo yn sgil ei statws fel canolfan weinyddol dros y tiroedd hyn.

Ond cawn gip ar natur y weinyddiaeth leol honno yn enw'r goron yn y siroedd newydd yn hanes Edward Herbert, taid y beirdd o Drefaldwyn George ac Edward

Herbert. Roedd hwnnw yn Ustus Heddwch ac wrth ymyrryd mewn dadl ynglŷn â pherchnogaeth tir, hysbysodd John Richard, un o'r dadleuwyr, ei fod wedi derbyn gorchymyn i'w droi allan o'i gartref gan Gyngor Cymru a'r Gororau. Gofynnodd John Richard am gael gweld y gorchymyn hwnnw. Trefnodd Edward Herbert ei fod ef a'i wraig yn cael eu harestio ar unwaith a'u taflu i garchar. Llosgwyd eu cnydau a gadawyd eu plant i lwgu. Bu farw un o ddiffyg bwyd a gofal a chael ei adael heb ei gladdu am bythefnos.

Parhaodd y Cyngor wrth ei waith hyd 1689 ac er nad oes llywodraeth swyddogol dros y Gororau erbyn hyn, mae'r enw 'y Mers' yn fyw ac yn iach yno. Mae'n enw ar wasanaeth trên o dde Cymru i Amwythig; mae llwybr cerdded hir o'r enw yn crwydro o Gaer i Gaerdydd. Mae'n enw ar ysgol uwchradd yng Nghroesoswallt sydd â nifer o enwau Cymraeg ar ei hystafelloedd ac yn addysgu disgyblion o boptu'r Clawdd. Mae 'Made in the Marches' yn enw ar gasgliad o waith celf a chrefft mewn orielau yng Ngheintun, y Rhosan-ar-Wy a threfi eraill yn yr ardal.

Coed wylofus Cleobury Mortimer a gwesty'r Feathers, Llwydlo

Trefn y grocbren

Fel mewn unrhyw dir ar ffin yr awdurdod canolog, roedd torcyfraith a byw ar herw yn rhemp yn y Gororau. Wedi dyddiau gwrthryfel Glyndŵr, dywedir i lawer o'i fyddin a'i ddilynwyr benderfynu byw ar herw yn y coed a'r creigiau yn hytrach nag ildio i fyw dan y gyfraith Seisnig. Dair cenhedlaeth yn ddiweddarach, roedd rhai'n dal i fyw y tu allan i'r gyfraith a'r drefn ac yn galw'u hunain yn 'Blant Owain'.

Coed y Graig Lwyd yw enw'r Cymry ar graig uchel goediog sy'n codi at y gorwel y tu cefn i bentref Llanymynech. Yno, fe dybir, y bu'r bardd Llywelyn ab y Moel a'i gyfeillion yn llochesu ac yn byw fel herwyr tua diwedd gwrthryfel Glyndŵr.

Aeth Humphrey Kynaston, neu 'Wild Humphrey' fel y'i gelwid, ar herw yn 1491 ar ôl iddo ladd dyn yn Church Stretton. Cyn hynny roedd yn byw yng nghastell Myddle. O hynny ymlaen, ei gartref oedd 'ogof Kynaston' ger Nesscliffe. Tyfodd chwedloniaeth amdano, ei fod yn medru neidio naw milltir o ben clogwyn yr ogof i Ellesmere. Cas gan uchelwr, hoff gan werinwr oedd Humphrey ond mae'n rhaid ei fod yn hen lwmpyn go feddal yn y bôn – roedd ei fam yn dod â chinio iddo i'r ogof bob dydd Sul.

Un cymeriad yr oeddid yn hoff o'i bortreadu mewn eglwysi oedd y 'Dyn Gwyrdd', gyda'i ben yn ymddangos yn llawn dail. Mae enghreifftiau i'w gweld yn Garway, Llanllieni, Rowlstone, Much Marcle, Bosbury, Abbey Dore ac ar lintel maen uwchben drws yn eglwys gadeiriol Henffordd. Symbol o aberth, medd rhai. Na, dadeni bywyd, medd eraill, a dathliadau'r gwanwyn. Mae traddodiad arall yn honni mai gwylliaid lleol sy'n cael eu hanrhydeddu gan y 'Dyn Gwyrdd' – aeth rhai Sacsoniaid i fyw ar herw gyda dyfodiad y Normaniaid gan fabwysiadu tactegau gerila digon tebyg i'r Cymry.

Dilëwyd Cyfraith Hywel yng Nghymru wedi'r uno gan sefydlu llys sirol ac ynadon heddwch ymhob sir. Crëwyd pedair cylchdaith i farnwyr mewn llysoedd uwch i drafod troseddau mwy difrifol. Parhaodd Llysoedd y Sesiwn Fawr, fel y'u gelwid, hyd 1830. Saesneg oedd iaith y llysoedd. Ond doedd y drefn newydd ddim yn golygu bod mwy o barch i'r gyfraith newydd. Cynhelid

Ogof Kynaston;
Tafarn y Green Man ger Henffordd

llysoedd barnwyr Maesyfed yn nhrefi Maesyfed a Rhaeadr Gwy bob yn ail, ond collodd Rhaeadr yr hawl i gynnal y llys ar ôl i farnwr gael ei lofruddio yno.

Yn 1533, ysgarodd Harri VIII ei wraig a phriodi Anne Boleyn a'i roi ei hun a'i deyrnas mewn perygl dybryd o fod yn darged dialedd Pabyddol. Yr offeiriad a weinyddodd y seremoni oedd Rowland Lee a'i wobr am iddo beryglu'i hun oedd dod yn Esgob Caerlwytgoed ac yna'n Arglwydd Raglaw Cyngor Cymru a'r Gororau yn 1534. Rhoddai hynny bwerau anferth iddo.

Er bod y Tuduriaid bellach ar orsedd Llundain, roedd y Cymry'n parhau'n annibynnol a gallent yn hawdd fod yn wrthryfelgar. Gallent gynghreirio â gelynion Lloegr a chodi byddin arall yn y gorllewin i ymosod arni. Doedd dim ots gan Rowland Lee os oedd yn amhoblogaidd a chyn hir 'The Hanging Bishop' oedd ei lysenw. Roedd yn well ganddo grogi'r diniwed yn gymysg â'r dynion peryg er mwyn gwneud yn siŵr ei fod yn dal yr herwyr i gyd. Credai Rowland Lee yn angerddol fod y Cymry yn fodau israddol i hil y Saeson. Dros y naw mlynedd dilynol, crogwyd 5,000 o bobl ganddo. Ar ei ffordd o Lwydlo i Gaer yn

1543 cafodd ei daro'n wael ac fe'i claddwyd yn hen eglwys St Chad, Amwythig.

Crogwr enwog arall o'r Gororau oedd George Jeffreys a anwyd yn Neuadd Acton, Wrecsam yn 1645 ac a fynychodd Ysgol Amwythig yn fachgen. Daeth yn fargyfreithiwr yn 1668 ac erbyn 1681 roedd yn Arglwydd Brif Ustus, ac yn fuan yn Arglwydd Ganghellor ac yn Farwn. Ond cyn hir roedd yntau wedi'i ailfedyddio gyda'r enw 'The Hanging Judge'.

Daeth yn brif farnwr ar gylchdaith Caer a chael yr enw o fod yn un blin, meddw ac anfoesgar. Daeth yn brif farnwr teyrnas Siarl II a phan fu gwrthryfel Pabyddol yng Nghernyw a Dyfnaint, dygwyd 1,300 o'r rebeliaid o'i flaen yn Taunton. Mesur o gyfiawnder Jeffreys oedd ei ddull o weithredu'r diwrnod hwnnw – cynigiodd bardwn i'r gwrthryfelwyr pe baent yn pledio'n euog o deyrnfradwriaeth. Pan wnaethant hynny, crogodd dros dri chant ohonynt a thrawsgludo'r gweddill i fod yn gaethweision – dyma'r enwog 'Bloody Assizes'. Un esboniad yw ei fod yn dioddef yn enbyd gan gerrig yn ei bledren ar y pryd a bod hynny wedi'i wneud yn ddyn blin iawn.

Yn ymyl Gresffordd mae'r Orsedd Goch (Rossett). Ar fryncyn lle mae neuadd y pentref hwnnw bellach safai crocbren yn yr hen oes. Tynnwyd honno i lawr ar ôl i stondinwyr marchnad Caer gwyno bod y cyrff a adewid i bydru ar y grocbren yn gadael blas drwg ar y menyn a gâi ei werthu iddynt wrth droed yr orsedd. Aed â phaladr y grocbren i fod yn drawst yn y dafarn gerllaw – ac nid oes cofnod fod y cwsmeriaid wedi cwyno fod hwnnw wedi rhoi blas drwg ar y cwrw.

Roedd mân droseddau'n cael eu cosbi'n llym yn ogystal. Mae 'clamp ceg' – ffrâm haearn o amgylch y bochau a'r corun

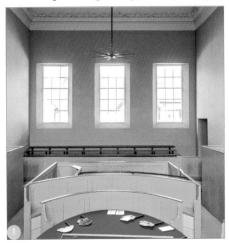

1. *Amgueddfa Jeffreys yn Llanandras;*
2. *Cadair ddowcio Llanllieni*

oedd yn cael ei gosod ar wraig gegog – i'w weld yn Amgueddfa Henffordd. Parhaodd yr arfer o ddefnyddio cyffion o flaen yr eglwys i gosbi pentrefwyr Hanmer ger Wrecsam hyd 1868.

Mae cadair ddowcio wedi bod yn Llanllieni – a llawer tref arall ar hyd y Gororau – ers yr Oesoedd Canol. Yr arfer yn wreiddiol oedd gorfodi'r tramgwyddwr i eistedd mewn cadair mewn lle cyhoeddus i dderbyn gwawd y cyhoedd. Yn ddiweddarach, tyfodd yr arfer o ddowcio'r truan er mwyn ei 'lanhau' o'i drosedd. Roedd yn rhaid creu cadair ddowcio dechnegol a chymhleth i gyflawni hynny ar lan pwll neu afon.

Yn 1809 y bu'r dowcio olaf yno. Gorymdeithiwyd Jenny Pipes drwy'r dref cyn ei throchi yn afon Llugwy. Troliwyd y gadair at yr afon drachefn yn 1817 i gosbi rhyw Sarah Leake – ond doedd dim digon o li yn yr afon i'w dowcio'r tro hwnnw. Mae 'Jenny Pipes' yn enw ar gwrw lleol bellach, ac mae'r gadair ddowcio dechnegol honno yn cael ei harddangos yn eglwys Llanllieni hyd heddiw.

Dyma gyrraedd buarth fferm ar lôn gul i fyny Cwm Rhyd-Ellyw ar lechweddau gogleddol y Mynydd Du, rhyw ddwy filltir o Dalgarth. Mae dau dractor ar draws y lôn wrthi ar waith y bore. Toc, maen nhw'n symud yn gwrtais – y mab ar un tractor a'r tad yn pwyso yn erbyn olwyn y llall. Mae lle imi fynd heibio ond mae'n amlwg oddi wrth osgo'r tad na allaf ei basio heb gael gair gydag o.

Mae ffenest y car wedi'i hel i'r gwaelodion ac wrth imi oedi dyma'r ffermwr yn rhoi ei ddau benelin yn nhwll y drws. Esboniaf fy mod ar fy ffordd i weld hen eglwys ganoloesol Sant Ellyw ym mhen draw'r cwm.

'My, you're from far this side of the border, aren't you?' meddai, gyda grwndi'r Gororau yn ei lais wrth glywed fy acen. Mae ganddo wreichionen ddifyr yn ei lygaid.

Wedi ychydig frawddegau, mae wedi cael mwy o fy hanes, fy achau, fy ngwaith a fy niddordebau na'r un holiadur erioed, a hynny yn y ffordd gleniaf bosib. Mae'i deulu yno ers tri chan mlynedd, meddai, gan ofyn wedyn, 'Did you hear about the Whipping Tree?'

Ywen y tu allan i wal hirgron y fynwent yw honno. Mae'n sefyll mewn cyffordd, yn hen ddychrynllyd ac mae dau dwll ynddi i'r un yr oeddid am ei gosbi ymestyn ei freichiau y tu ôl i'w gefn a rhoi'i ddwylo ynddynt. Yna, byddid yn gwthio trawst rhwng boncyffion yr ywen i'w garcharu. Yno byddid yn chwipio pobl, meddai'r ffermwr, neu daflu pethau atynt. Efallai fod yna ambell Sais oedd wedi crwydro'n rhy bell o'r Clawdd yn cael ei roi yno, meddai, a'r wreichionen honno'n olau iawn yn ei lygaid.

Yna tywyllodd ei wyneb ac meddai, 'Fyddai 'Nhad na 'Nhaid byth yn pasio'r goeden honno.'

Ond nid gwaedlyd fu'r Gororau ar hyd eu hanes. Aelod seneddol o Landysilio ger Llangollen oedd George Osborne Morgan a bu'n weinidog radical yn llywodraeth Gladstone. Ef a gyflwynodd y mesur a ddiddymodd gosbi drwy fflangellu yn y fyddin Brydeinig.

'Coeden chwipio' Llanellyw

Y dafarn hynaf, hynotaf un

Yn ystod yr Eisteddfod Genedlaethol yn y Fenni yn 2016, mae'n siŵr bod llawer ohonom wedi mynd heibio – neu hyd yn oed wedi taro i mewn – i dafarn Ysgyryd Fawr yn Llanfihangel Crucornau. Mae ar fin y ffordd yn y pentref yn wynebu'r mynydd hwnnw ychydig i'r gogledd-ddwyrain o'r Fenni. Mae'r arwydd y tu allan yn cyhoeddi mai dyma dafarn hynaf Cymru ac mae'n edrych yn adeilad diddorol a deniadol.

Un nos Fercher ym mis Mai y cefais i'r cyfle i fynd yno i aros. Pe bawn i'n chwilio am lety penwythnos, byddai'n rhaid imi fwcio ddwy flynedd ymlaen llaw. Mae'n hyfryd gweld adeilad hanesyddol yn cael ei werthfawrogi fel hyn.

Mae'r Skirrid Inn, fel y caiff ei galw ar yr arwydd, ymysg y llond dwrn o dafarnau hynaf ym Mhrydain, mae'n debyg. Yn ôl broliant y busnes, mae'r lleill sydd yn y ras yn adeiladau newydd ar sylfeini hen dafarnau yn Nottingham, St Albans, Caerwynt, Leeds a swydd Gaergrawnt. Ond yn Llanfihangel Crucornau gwelir yr adeilad gwreiddiol yno o hyd – bu'n sefyll yno ers naw canrif.

Does dim dwywaith fod yr hen le wedi gweld llawer o fynd a dod hanesyddol. Dywedir bod lluoedd Glyndŵr wedi ymgynnull o flaen y dafarn a bod y tywysog ei hun wedi dringo i ben grisiau'r 'garreg farch' i annerch ei fyddin cyn marchogaeth ymlaen am Bontrilas. Mae grisiau'r esgynfaen i'w gweld yno hyd heddiw.

Fel yn hanes llawer o hen dafarnau, roedd yn cael ei defnyddio fel 'neuadd' amlbwrpas i'r ardal. Ceir cofnod cyn gynhared ag 1100 yn rhoi manylion achos llys a glywyd yno yn erbyn Iago'r Crythwr a'i frawd Siôn. Nant-y-felin oedd enw'r dafarn bryd hynny. Dedfrydwyd Iago i naw mis o garchar am ladrata drwy drais a dedfrydwyd Siôn i'w grogi am ddwyn dwy ddafad (a oedd o bosib yn ddyledus iddo fel tâl am ei wasanaeth fel crythor).

Grisiau'n troi'n sgwarog i ddringo tri llawr yr adeilad sydd yn y dafarn. Yno, yn nhwll y grisiau, y crogwyd Siôn. Roedd trawst i dderbyn y rhaff yn arfer bod ar draws ffrâm y grisiau ar y llawr uchaf. Mae'r trawst hwnnw wedi'i dynnu i lawr i'r llawr isaf bellach, ond mae crafiadau sgriffinio rhaff arno o hyd. Mae rhaff drwchus, a dolen grogi arni, wedi'i gosod yn nhwll y grisiau i ddod â'r hanes yn fyw i ymwelwyr heddiw.

Rhwng y 12fed a'r 17eg ganrif, crogwyd tua 180 rhwng grisiau'r dafarn, yn ôl yr wybodaeth archifol a hanesion llafar gwlad y fro. Crogwyd yr olaf, eto am ddwyn defaid, yn ystod llywodraeth Oliver Cromwell. Mae dyfalu bod y Barnwr Jeffreys (1645–1689) wedi cael ei alw yno i ddelio â 'chynllwynion' Pabyddol yn yr ardal, a'r anhrefn dreisgar arferol a geid yn y Gororau – ac mi fyddai gweld y rhaff uwch y grisiau wedi bod wrth fodd calon hwnnw.

Cefais wybod yn fuan ar ôl cyrraedd yno mai yn yr ystafell y byddai'r barnwr yn ymneilltuo iddi i benderfynu ar ei ddedfryd y byddwn i'n cysgu'r noson honno. Dringo'r grisiau gwichlyd, ar hyd y landin, camu i ystafell fawr hir, gyda lle tân a gwely pedwar polyn Gothig ynddi.

Yn ôl yn y bar, cefais fy nghyflwyno gan Angela'r forwyn i'r unig ddau arall oedd yn aros yno. Cwpwl oedd yn byw yn Fife yn yr Alban: y hi o ganolbarth Lloegr ac yntau o Ferthyr. 'Dydi'r Albanwyr ddim wedi clywed am Ferthyr,' meddai, 'ond pan fydda i'n ei disgrifio fel "the Glasgow of Wales", maen nhw'n dallt!' Anrheg penblwydd ganddi hi iddo fo ydi'r noson yma yn yr hen dafarn. 'Dan ni yma i weld fedrwn ni godi ysbrydion,' meddai, heb droi blewyn.

Wrth edrych o gwmpas y bar, mi allwn weld tystysgrifau ar y waliau. Un gan raglen hela ysbrydion ar y BBC, yn tystio iddynt fod yno yn ymchwilio i 'paranormal activities'. Un arall gan WASPS (Worlds Apart Spiritualist Paranormal Society), 2014. Tystiai'r un oddi wrth ymchwilwyr i'r goruwchnaturiol o swydd Gaerloyw eu bod wedi cael 'llwyddiant'.

Caeodd Angela'r til a dweud ei bod yn mynd ac y byddai'n cloi'r drysau allan, ond bod croeso i ni'n tri aros a helpu ein hunain, dim ond inni nodi ar bapur wrth y pympiau beth roedden ni wedi'i gael. 'Does yna ddim problem beth bynnag,' meddai'n groesawgar. 'Mi fydd y cyfan ar y CCTV fydd yn cadw llygad arnoch chi. Peidiwch â thrio mynd allan neu bydd y larwm yn canu.'

Erbyn hyn roedd y codwyr ysbrydion wedi gosod ffôn clyfar ar y bar oedd yn cynnwys ap sy'n codi lleisiau – 'a lleisiau yn unig'. Roedd hwn yn ddyfais gyfleus

Tafarn Ysgyryd Fawr

iawn, esboniwyd, oherwydd doedd sŵn pympiau cwrw, sŵn y peiriannau oeri ac ati ddim yn cael eu cofnodi arno. Mae'n rhaid fy mod wedi edrych yn llawn diddordeb oherwydd dyma fo'n taro'r ffôn a siarad yn glir: 'Is there somebody there?' Oedi. 'Who are you?' Oedi. 'Have you anything to say?'

Trodd yn ôl ataf a nodio gan holi a oeddwn i wedi clywed y murmur bach yna? Tapiodd ei ap a dyma glywed ei gwestiynau'n cael eu hailadrodd yn glir drwy'r ffôn ac yn ymddangos ar y sgrin fel llinellau duon ar gefndir gwyn, yn ddigon tebyg i sgrin curiad calon mewn ysbyty. Bob tro y clywid ei lais, roedd y llinellau duon yn neidio i fyny ac i lawr fel yr andros. Rhwng sgribls mawr ei gwestiynau, pwyntiodd at ddawns fechan fach ar y llinell. Y murmur, meddai.

Oedd, roedd rhywun wedi ateb. Ond byddai'n nes at dri o'r gloch y bore arnyn nhw'n cael sgwrs go iawn, mae'n siŵr, meddai'n hyderus.

Dyma ddechrau sgwrsio o ddifri am y 'pethau' yma rŵan. Dyna roedden nhw'n ei wneud bob cyfle gaen nhw oedd ymweld â hen leoliadau tebygol, a chynnal sgyrsiau fel hyn. Roedd y wraig yn 'arweinydd', meddai, wedi cael ei hyfforddi i bontio gydag ysbrydion ar ran rhywun fyddai'n dymuno gwneud hynny. Galar oedd y cymhelliad arferol – roedd yr 'arweinwyr' hyn yn boblogaidd iawn ar ôl colledion y Rhyfel Byd Cyntaf, pan oedd teuluoedd prin o wybodaeth eisiau gwybod a fu marwolaeth eu hanwyliaid yn ddi-boen.

Roedd modd pysgota wrth arwain, cyfaddefodd, a doedd hynny ddim yn ei phoeni. Dywedodd mai'r profiad mwyaf personol a gafodd oedd ymysg criw o'r un bryd â nhw un tro pan ddaeth un wraig ati a dweud ei bod wedi sylwi bod dau gi wrth ei thraed drwy'r amser: 'Daeargi trilliw gyda chynffon yn cyrlio at ei gefn ydi un a chi defaid wedi colli darn o'i glust dde ydi'r llall.' Roedd y rheiny'n ddisgrifiadau perffaith o gŵn oedd gan ei theulu pan oedd hi'n ferch ifanc.

Bore fory ddaw, meddwn i, wrth ddymuno nos dawch iddyn nhw a dringo'n wichlyd heibio'r rhaff ac ar hyd pen y grisiau am fy llofft. Pan ddaeth hi'n amser diffodd y golau yn fan'no, sylweddolais nad oedd switj wrth y gwely. 'Nôl at y drws a'i ddiffodd ac yna pymtheg cam bras heibio'r hen le tân a'r cadeiriau duon at y gwely cerfiedig. Y geiriau olaf a glywais cyn cysgu oedd cwestiwn clir yn codi o'r bar oddi tanaf:

'Is there somebody there?'

Gwlân Cymru: aur y Gororau

Rhan o apêl trefi'r Gororau heddiw yw'r eglwysi ysblennydd a'r tai, y neuaddau marchnad a'r siopau du a gwyn, canoloesol. Nid drwy ddamwain y daeth y rhain i fod, ond ar sail cyfoeth y mân fasnachwyr lleol. Prif sail y ffortiynau a wnaed mewn trefi fel Amwythig, Llwydlo, Llanllieni, Croesoswallt a Henffordd oedd y fasnach wlân, ac roedd y rhan fwyaf o'r deunydd crai hwnnw yn dod o Gymru.

Yn 1273, allforiwyd 1,200 sach o wlân gan fasnachwyr Lloegr – ac roedd 660 o'r rheiny wedi dod drwy ddwylo masnachwyr gwlân swydd Amwythig. O gistiau

Castell Stokesay

masnachwyr gwlân fel Laurence of Ludlow y daeth llawer o'r aur i addurno eglwys y dref ac mae rhes o siopau canoloesol Draper's Row yn gofeb weladwy i lewyrch y fasnach yn niwedd yr Oesoedd Canol. Ychydig i'r gogledd o Lwydlo mae castell Stokesay sy'n gyfuniad o gastell a maenordy. Codwyd hwn hefyd gan Laurence yn y 1270au.

Rhwng 1571 ac 1597, roedd hi'n orfodol drwy ddeddf gwlad fod pob gwryw dros ei chwe blwydd yn gwisgo cap gwlân ar Suliau a dyddiau gŵyl. Daeth capiau'n rhan o statws gymdeithasol ac roedd 'capiau Trefynwy' yn enwog fel 'cap y dyn cyfredin'. Cynllun cyfrwys i roi hwb i'r fasnach wlân oedd y ddeddf, wrth gwrs – hunanlywodraeth er lles yr hunan.

Mor gynnar ag 1277, deddfodd y goron yn Llundain na ellid prynu a gwerthu gwlân y tu allan i'r trefi sirol ac enwyd Amwythig ymysg yr un ar ddeg cyfnewidfa yn y deyrnas. Dyna ganoli'r cyfoeth a'r grym mewn trefi breintiedig a chadw'r elw mwyaf yn nwylo'r teuluoedd cyfoethocaf. Roedd hynny'n golygu fod yn rhaid i fasnachwyr gwlân yr Eidal, Fflandrys a'r

Iseldiroedd fargeinio â masnachwyr mawrion y prif drefi a thalu prisiau uwch.

Mae'n ddiddorol sylwi bod enwau Cymraeg ar bob un o brif drefi gwlân y Gororau. Ohonynt i gyd, Amwythig oedd y dref a elwodd fwyaf ar gefn defaid a bugeiliaid Cymru. Erbyn y 13eg ganrif, roedd o leiaf chwarter poblogaeth y dref yn ymwneud â'r farchnad cynhyrchu dillad a gwerthu brethyn. Teyrnaswyd ar fywyd y dref am y pedair canrif nesaf gan deuluoedd y diwydiant – Coke, Rowley, Pride a Vaughan. Oedd, roedd Fychaniaid o Gymru yn eu mysg. Codwyd tai trefol helaeth oedd yn cynnwys stordai brethyn a siopau cynhyrchu. Gwelir Vaughan Mansion wrth droed Pride Hill (lle mae siop Colliers heddiw), codwyd Ireland's Mansion yn 1575 ac mae Owen's Mansion yn wynebu'r Hen Farchnad.

Erbyn 1326, roedd Amwythig wedi cael ei bachau'n ddwfn i farchnad wlân a lledr gogledd a chanolbarth Cymru. Cesglid y nwyddau i'r Trallwng, ac yna ar geffylau pwn neu gychod afon Hafren i Amwythig.

1. Arfbais Elizabeth ar yr Hen Farchnad, Amwythig; 2. Ireland's Mansion – un o hen siopau dilladwyr y dref; 3. Neuadd y Drapers' Hall

Yn Oes Elizabeth, pasiwyd deddf seneddol yn rhoi monopoli pellach i'r Drapers Company of Shrewsbury i orffen a gwerthu brethyn cefn gwlad Cymru. Roedd gwelleifwyr medrus yn torri ymylon garw'r brethyn ac yn ei allforio i'r Cyfandir. Adeiladwyd Drapers' Hall (1570–80) i weinyddu materion y cwmni ac mae rhai o ddodrefn drud y cwmni i'w gweld yn y gwesty/tŷ bwyta sydd yno erbyn hyn. Mae arfbais Elizabeth I (gyda'r ddraig goch arni) ar fur y neuadd farchnad a godwyd yn 1596. I lofft y neuadd y byddai'r Cymry yn dod â'u 'cyrn' brethyn (200 llath o hyd, 32 modfedd o led) i'w mesur a'u prisio gan fasnachwyr y dref. Erbyn 1620, roedd brethynwyr a siopwyr dillad Amwythig yn talu £2,000 yr wythnos am frethyn Cymreig. Ar ddyddiau marchnad, roedd y lle'n ferw ac yn llawn Cymry – meddai Daniel Defoe yn y 1720au, 'they speak all English in the town, but on a market day you would think you were in Wales.'

Cwynai'r Cymry nad oedd ganddynt obaith am bris da gan fod gan fasnachwyr y dref fonopoli. Ar ben hynny, defnyddid 'casgen Amwythig' i fesur llathen o'r brethyn yn llofft y farchnad – roedd un cylch o amgylch bol y gasgen yn llathen o hyd. Y twyll yn honno oedd bod y 'llathen' yn graddol ymestyn wrth i drwch y brethyn ar y gasgen gynyddu. Parhaodd yr aur i lifo i'r dref ac er mantais y teuluoedd grymus. Sefydlwyd Ysgol Amwythig yn Castle Gates yn 1551 – mae rhan o'r adeilad ysblennydd presennol yn dyddio'n ôl i'r 1590au ac yno bellach mae llyfrgell y dref.

Ond roedd pedair canrif o reolaeth ganolog dros y diwydiant gwlân Cymreig yn mynd i chwythu'i blwc wrth i'r masnachwyr breintiedig fynd yn fwy a mwy barus. Yn raddol, dechreuodd masnachwyr nad oeddent yn aelodau o Urdd Amwythig anfon trafaelwyr i Gymru i dalu pris tecach am y brethyn yn uniongyrchol i'r cynhyrchwyr. Aeth ymerodraeth fawr Amwythig â'i phen iddi.

Ond erys y gwlân, wrth gwrs, a'r cneifwyr a'r crefftau eraill sy'n rhan o'r diwydiant. Dathlwyd Mileniwm 2000 yn y Fenni drwy greu tapestri 8 metr o hyd i gyflwyno hanes a threftadaeth yr ardal. Treuliwyd wyth mlynedd yn ei gynllunio a'i bwytho, a'i gartrefu mewn sgubor ddegwm wedi'i hadfer ger yr eglwys. Mae 400 o edau o wahanol liwiau yn y tapestri.

Defaid ym marchnad y Trallwng

Y porthmyn Cymreig

Hen lwybrau'r porthmyn a ddefnyddiodd Harri Tudur a'i fyddin Gymreig wrth deithio o Fachynlleth i Amwythig cyn Brwydr Bosworth. Cyn wynebu'r frwydr ar faes Bosworth, ymunodd dau gefnogwr o ogledd Cymru â byddin Harri Tudur wrth y Trallwng. Nid yn unig roedd gan Wiliam ap Gruffudd y Penrhyn a Rhisiart ap Hywel, Mostyn ddynion arfog yn gefn iddynt, roedd y ddau wedi dod â gyrroedd o waretheg duon Cymreig efo nhw. Cafodd byddin estynedig Harri ddigon o fwyd ac o faeth i orymdeithio ymlaen at eu buddugoliaeth. Ond mae'r arfer o gerdded gwarteheg i'r marchnadoedd ac o borthmona yn llawer hŷn na chyfnod y Tuduriaid yng Nghymru.

Rhoddai'r Cymry fwy o bwyslais ar eu gwarteheg, eu defaid a'u geifr nag ar eu tai a bron pob eiddo arall. Gan fod y wlad a'r tywydd yn wych ar gyfer tyfu porfa, roedd yn medru stocio'n dda ond roedd hynny'n golygu symud cyson. Y symud mwyaf, wrth gwrs, oedd hwnnw rhwng yr hendref – ar y tir isel – yn y gaeaf a'r hafod – yn uchel ar y bryniau – dros yr haf. Golygai hyn fod angen dau dŷ – ond nid yn eu tai yr oedd cyfoeth y Cymry, wrth gwrs. Fel rheol, gadawent eu tai, oedd o wneuthuriad rhad a bregus yn aml, o flaen byddinoedd bygythiol ac aent i'r cymoedd diarffordd, gan warchod eu stoc, sef eu cyfoeth pennaf.

Y mynachod Sistersaidd a ddechreuodd gadw diadelloedd mawr o ddefaid yng Nghymru a hynny o ganol y 12fed ganrif ymlaen. Drwyddynt hwy y cododd y fasnach wlân ei phen a daeth honno'n bwysig iawn i economi Cymru mewn canrifoedd dilynol, fel y gwelwyd.

Ond gwarteheg oedd y prif anifail. Yn y Gymraeg mae'r gair 'da' yn golygu 'cyfoeth gwerthfawr' yn ogystal â 'gwarteheg'. Dyna sut y talai'r gwŷr rhydd eu rhent i'w harglwyddi. Yn gynnar iawn, roedd galw yn Lloegr am warteheg bychain, gwydn o Gymru oedd yn pesgi'n gyflym ac yn dda ar borfeydd brasach Lloegr. Gan mai cerdded y stoc o fryniau a chymoedd Cymru i bellafoedd Lloegr oedd y drefn, roedd swydd y porthmon – sef y 'gyrrwr' – yn swydd bwysig yng Nghymru rhwng 1300 ac 1870.

Trefi'r Gororau, oedd yn aml yn llawn o filwyr, oedd cwsmeriaid y porthmyn cyntaf ac yn fuan roedd brenin Lloegr yn galw am warteheg o Gymru i'w fyddinoedd ledled Lloegr. Aed â gyrroedd o Gymru i Gastell Windsor yn 1312; o Went i Essex yn 1336 ac o Gymru i Lundain i'w lladd a'u halltu a'u hanfon i Ffrainc ar gyfer y byddinoedd oedd yno yn ystod y Rhyfel Can Mlynedd.

Y porthmyn oedd yn troi cynnyrch cig Cymru yn arian sychion ac wrth i'r arfer o ddefnyddio arian a banciau gynyddu, roedd cyfraniad y porthmyn yn hanfodol i'r economi. Y nhw oedd 'llongau aur' y Cymry, chwedl yr Archesgob John Williams yn 1695. Aeth rhai o'r porthmyn cyn belled â sefydlu'u banciau eu hunain ar ddiwedd y 18fed ganrif, megis Banc y Ddafad Ddu yn Aberystwyth a Banc yr Eidion Du yn Llanymddyfri.

Lle unig yw'r Drovers' Arms ar Fynydd Epynt heddiw. Eto, roedd ar groesffordd brysur yn nyddiau'r porthmyn. Er mwyn osgoi tollau ar ffyrdd tyrpeg, pontydd ac wrth fynd drwy drefi, cadwai'r porthmyn a'u gyrroedd at lwybrau'r bryniau uchel er mwyn mynd ar draws gwlad. Cerddent ryw 15 milltir y dydd ar gyfartaledd a byddai'n rhaid trefnu lle i gysgu ac i fwydo'r stoc bob nos. Byddai'r gyrwyr angen eu disychedu yn ogystal â'r anifeiliaid, wrth reswm. Mae tafarnau unig ar yr hen lwybrau yn atgof o brysurdeb teithiau'r porthmyn a hyrwyddodd ugeiniau o dafarndai a 'ffermdai croesawgar' ar hyd y llwybrau tua'r dwyrain.

I yrru eidionnau i berfeddion Lloegr, roedd yn rhaid eu pedoli – yn arbennig wrth ddod i lawr o lwybrau'r mynyddoedd i ffyrdd caled y Gororau ac iseldir Lloegr. Pedolau dau ddarn oedd ar droed pob anifail fel buwch neu ddafad gan fod ganddynt droed fforchog. Ar hyd y Gororau gwelir cyfuniad o dafarnau ac efail y gof lle byddai'r gwartheg yn cael eu pedoli. Mae ffin Cymru a Lloegr yn hollti pentref Rhyd-sbens (rhwng Brycheiniog a swydd Henffordd) yn ei hanner, ac roedd dwy dafarn o boptu'r ffin yno yn nyddiau'r porthmyn ac efail i bedoli'r gwartheg.

Yn aml, byddai'r porthmyn yng Nghymru yn dilyn hen 'ffordd las' ac fe allai rhai o'r rheiny fod yn dilyn hen ffyrdd Rhufeinig. Roedd Talgarth ar lechweddau gogleddol y Mynydd Du ym Mrycheiniog yn ganolfan bwysig i borthmyn a gerddai eu stoc o flaenau Dyffryn Gwy ac o gyfeiriad Aberhonddu. Arferent ddilyn llwybrau drwy'r cymoedd i'r de-ddwyrain

1. Drovers' Arms ar Fynydd Epynt; 2. Rhyd y porthmyn ar afon Gwy; 3. Hen dafarn y porthmyn yn Ffawyddog, Grwyne Fawr

o Dalgarth ac yna drwy'r bylchau i ddyffrynnoedd Wysg, Grwyne Fechan, Grwyne Fawr neu Honddu ac ymlaen am y Fenni.

Mae'r hen lwybr yn nyffryn Grwyne Fawr yn cadw ar hyd y grib rhwng y dyffrynnoedd ac yn syndod o wastad unwaith y codir ati. Gellir synhwyro mor braf oedd hynny i'r porthmyn cyn dod i lawr drwy'r llechweddau coediog at Bont Ysbig. Ar y llechwedd olaf mae nifer fawr o adfeilion hen dai a chaeau wedi'u walio wrth eu hymyl. Tafarnau porthmyn oedd y rhain, y cyfle olaf i'r porthmyn gael croeso Cymreig cyn croesi'r ffin tua Lloegr. Roedd yr ardal hon yn dwyn yr enw Ffawyddog yn yr hen ddyddiau ac yn enwog fel pentref cyfan o dafarndai porthmyn.

Nid oedd y croeso'n onest bob amser chwaith. Yma y byddai'r porthmyn yn galw ar eu ffordd yn ôl wedi gwerthu'r gyr yn un o ffeiriau Lloegr. Yn ôl yr hanes ar lafar gwlad yr ardal, gwyddai'r tafarnwyr faint o bennau aeth dros y ffin, ac felly faint o aur fyddai yn sgrepan y porthmon. Dywedir fod sawl porthmon wedi'i gladdu dan y rhedyn yma a'i aur wedi'i ysbeilio. Neu efallai, wrth i borthmyn fod yn fwy gofalus a chuddio'u pyrsiau pres mewn twll yn y wal cyn mynd i'r dafarn am lety, fod ambell bwrs yn dal ynghudd rhwng y cerrig, a'i gyn-berchennog druan yn gorwedd hefyd heb fod yn bell iawn i ffwrdd.

Nid y porthmon fyddai'n ei chael hi bob tro. Pan fyddai rhydio afonydd yn rhy anodd, byddai'n rhaid bodloni ar dalu toll i groesi pont neu dalu'r cychwr er mwyn cario llwythi dros y lli. Mae rhyd tywydd teg i'w gweld yn glir ar afon Gwy ger Erwyd. Dydi hi ddim yn anodd dychmygu gyrroedd corniog yn cerdded ar draws y palmant rhychog yn falch o gael oeri'u carnau ar ôl dod i lawr y lôn gul dywyll o Gwm Owen. Pan fyddai Gwy yn goch gan li, byddai fferi hirsgwar, ddigon tebyg i arch agored fawr, yn cael ei defnyddio i gario gwartheg i'r lan gyferbyn, a hynny drwy dynnu ar gadwyn.

Twm Bach oedd y cychwr yn niwedd y 19eg ganrif a chadwai dafarn y Cafan yno yn ogystal. Bu diwedd trist i hanes Twm Bach. Wrth gario llwyth drosodd ar li, symudodd y gwartheg i un ochr er gwaethaf holl ymdrechion y porthmyn i'w tawelu. Taflodd y cwch drosodd wedi i'r afon ei lenwi. Achubodd y porthmyn eu hunain gerfydd cynffonnau'r anifeiliaid ond boddwyd Twm a'i fab wrth geisio achub y cwch.

Defnyddiai'r porthmyn goed pin

Carreg filltir ar lwybr Esgair Ceri yn dangos y pellter i Lundain a thafarn Rhyd-sbens

Albanaidd fel rheol i'w cynorthwyo i ddilyn llwybrau digloddiau dros diroedd agored. Dyma goeden oedd yn gynhenid i Gymru a'r Gororau ar un adeg. Mae'n tyfu'n gyflym ac yn byw am 700 mlynedd. Roeddent yn ddefnyddiol yn llwydwyll y bore bach a'r hwyr a phan fyddai niwl neu gymylau isel. Gellir eu gweld o hyd ar y gorwel, mewn bylchau, wrth ffermdai croesawgar ac ar groesffyrdd – fel arfer, bydd tair neu bump ohonynt gyda'i gilydd.

Roedd o leiaf dau o feirdd Cymru yn arfer y gwaith o borthmona yn y 15fed ganrif. Uchelwr, ffermwr a phorthmon llwyddiannus oedd Tudur Penllyn (tua 1415–1485) ac mae Guto'r Glyn yn cyfeirio ato wrth ddisgrifio'i hun yn gyrru diadell i Loegr ar ran person Corwen. Bu'n daith drychinebus. Daeth cŵn i reibio'r ŵyn. Boddodd eraill mewn afonydd. Collodd y defaid eu gwlân. Cyrhaeddodd Coventry a dim ond tair ceinog a dimai y pâr a gynigiwyd iddo yno. Gwrthododd ac aeth ymhellach am Litchfield a Stratford, a'r prisiau'n gwaethygu bob cam. Cywydd doniol, hunanddychanol yw hwn ond mae'n siŵr bod gwirionedd yn cael ei

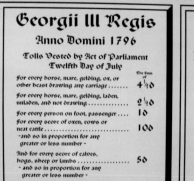

The Whitney-on-Wye Toll Bridge

TOLL CHANGES OVER THE CENTURIE

Georgii III Regis

Anno Domini 1796

Tolls Vested by Act of Parliament
Twelfth Day of July

	The Sum of
For every horse, mare, gelding, ox, or other beast drawing any carriage	4½d
For every horse, mare, gelding, laden, unladen, and not drawing	2½d
For every person on foot, passenger	1d
For every score of oxen, cows or neat cattle .... -and so in proportion for any greater or less number -	10d
And for every score of calves, hogs, sheep or lambs .... - and so in proportion for any greater or less number -	5d

ddweud am y farchnad i anifeiliaid Cymru yn Lloegr: 'Po bellaf, gwaethaf yw'r gwerth'.

Byddai gyr arferol yn cynnwys 300 o wartheg rhwng 3 a 4 oed, ychydig o wartheg llaeth ac ychydig o deirw. Gallent gerdded rhyw 2 filltir yr awr ar gyfartaledd – tua 15 i 20 milltir y dydd. Byddai hynny'n caniatáu i'r anifeiliaid bori rhywfaint ar ochr y ffordd ac oedi i ddisychedu wrth ambell bwll neu nant. Y gwanwyn a'r hydref oedd yr amseroedd prysuraf i borthmona.

Byddai'r prif borthmyn yn talu chwe cheiniog y noson am lety a swper yn y

Tollbont yr oedd yn rhaid i'r porthmyn dalu i'w chroesi yn Whitney-on-Wye

dafarn tra bod y gyrwyr yn aros yn yr 'halfpenny field' dros y ffordd efo'u bara a chaws a seidr. Roedd Llanbedr Castell-paen yn ddyledus i'r porthmyn am gadw'r dref yn fyw am ganrifoedd. Roedd yno chwe thafarn a gefeiliau ar eu cyfer ond roedd ei safle wedi dirywio'n enbyd ers iddi fod yn brif dref y sir yn dilyn siarter a roddwyd iddi yn 1562. Roedd 25 o dafarnau yn Rhaeadr Gwy ar un adeg a 6 yng Nghwmdauddwr – y fasnach eidion oedd asgwrn cefn y dref honno. Pentref pwysig arall yn nyddiau'r porthmyn oedd Llandegla ar riniog deheuol Bryniau Clwyd. Roedd nifer o lwybrau gogledd Cymru yn cyfarfod yma cyn mynd ymlaen am wastadeddau Lloegr. Rhestrir pentrefi a thafarnau'r daith yn y rhigwm:

> Wrecsam Fechan a Wrecsam Fawr,
> Pentrefelin ac Adwy'r Clawdd,
> Casgen Ditw a Thafarn y Gath,
> Llety Llygoden a Brandy Bach.

Yn anterth oes y porthmyn, amcangyfrifir fod 30,000 o bennau o eidion yn cerdded drwy sir Faesyfed yn unig ar eu 200 milltir o daith i farchnadoedd a phorfeydd Lloegr. Rhoddwyd hawliau tramwy i'r porthmyn Cymreig drwy diroedd gelynion a thrwy ryfeloedd. Mae'r hawliau'n parhau er bod y mapiau wedi newid – mae gan borthmyn o Gymru hawl i yrru eu gwarthheg reit drwy ganol Coleg Merton yn Rhydychen, ac mae'r coleg hwnnw wedi'i sefydlu ers 1264.

Mae nifer o enwau lleoedd yn awgrymu cysylltiad gyda'r porthmyn yn yr oes o'r blaen: Halfpenny (rhent am gae a osodid i borthmon i bori ei dda dros nos); Little London, Picadilly ac ati (cartrefi pan fyddai hen borthmyn y daith i Lundain yn ymddeol); Stanky (tail y gwartheg); Welsh Road (o ogledd Cymru drwy Amwythig i dde-ddwyrain Lloegr); Welsh Way (drwy swydd Gaerloyw am Lundain). Cyfeirir at y ddwy bont dros afonydd Hafren a Tern yn Atcham fel 'pontydd y porthmyn' gan mai drostynt y dôi porthmyn Maldwyn ar eu ffordd am ganolbarth Lloegr a Llundain. Ceir Welshman's Meadow yn Clun.

Yn ogystal â'u cyfraniad economaidd, gwnaeth y porthmyn gyfraniad i lenyddiaeth a diwylliant Cymru. Daeth baledi ac alawon ffair o Loegr i Gymru yn ôl troed y porthmyn a chafodd y rheiny eu Cymreigio a'u defnyddio fel alawon i faledi Cymraeg ar ôl hynny. Roedd Dafydd Jones o Gaeo yn borthmon a âi cyn belled â Barnet a Maidstone, ond cofir amdano fel emynydd arbennig yn ogystal. Porthmon arall oedd Edward Morus o sir Ddinbych – roedd yntau yn fardd a bu farw yn Essex yn 1689. Byddai'r porthmyn yn cario llyfrau a llythyron yn ôl ac ymlaen o Loegr, ac roedd rhai ohonynt ymysg prif ddosbarthwyr y llyfrau Cymraeg cynnar a gâi eu hargraffu yn Amwythig.

Siroedd y seidr

Mae hanes cynnar seidr yn annelwig. Roedd yr afallen a'i ffrwythau yn cael eu cysylltu â chwedlau glannau gorllewinol Ewrop, ac yn nodwedd o baradwys y Celtiaid. Mae'r cyfeiriad cynharaf at seidr fel diod gadarn wedi'i gweithio o afalau'n unig yn deillio o Wlad y Basg yn y 12fed ganrif. Lledaenodd y grefft drwy Ffrainc a Llydaw gan ddod i'r Gororau, o bosib, gyda dyfodiad y Normaniaid. Mae cofnod cynnar yn nodi bod pedair casgen o seidr wedi'u cynhyrchu yn ardal Cas-gwent yn 1286. Erbyn 1587, ceir cofnod o berllan seidr ddeg acer gan lys Tretŵr, Crucywel, ac yno'r oedd y seler seidr gyntaf yng Nghymru. Mae nifer o'r beirdd Cymreig yn canmol haelioni'r noddwyr wrth dywallt y ddiod hon iddynt.

Pan ddaeth Gerallt Gymro yn Archddeon Aberhonddu tua 1175, aeth ati i ddiwygio llawer o arferion eglwysig ei ofalaeth. Yn nefod y cymun, nid oedd yn hapus fod yr eglwysi lleol yn defnyddio seidr yn hytrach na gwin i gynrychioli gwaed Crist. Ceisiodd gael yr offeiriaid i newid y ddiod, ond bu protestio mawr. Pan ymwelodd ag eglwys Llanddewi ym Mrycheiniog, cafodd ei gloi a'i garcharu yn yr eglwys am wythnos gron gan blwyfolion candryll. Seidr oedd hi i fod yno!

Cyfeirir at y ddiod mewn cywydd gan Iolo Goch yn y 14eg ganrif ac roedd gan Owain Glyndŵr berllan enwog yn Sycharth, ger Llansilin. Ar ddiwedd y 19eg ganrif, roedd y Comisiwn Tir yn nodi bod rhyw 6,000 o erwau yn berllannau afalau seidr – a gellyg – yn nyffrynnoedd dwyreiniol Cymru ac mae pennill ar faen uwch drws tafarn y Tŷ Gwyrdd, Llantarnam, wedi naddu poblogrwydd seidr ar garreg yn 1719:

Cwrw da a Seidir ichwi
Dewch y mewn, chwi gewch y brofi.

Mewn perllannau traddodiadol, câi'r afallennau eu plannu yn ôl 40–60 i'r erw ond yn y perllannau mecanyddol modern mae 240 o goed i'r erw, gan gynhyrchu dros ddeg tunnell o afalau i'r erw bellach, yn hytrach na dwy neu dair tunnell fel yr oedd hi yn yr hen berllannau.

Byddai pladurwyr o Gymru yn mynd i

1. Un o gerfiadau seddau eglwys Llwydlo yn dangos seidr yn tywallt o gasgen; 2. Melin seidr yn Llanllieni; 3. Amgueddfa Henffordd

gynaeafu ŷd yn siroedd seidr y Gororau ac un o'r prif atyniadau, meddid, oedd y ffaith fod digon o seidr ar gael ynddynt. Byddai'r medelwyr yn gadael eu crefydd a'u haddewidion dirwest adref adeg y cynhaeaf. Seidr oedd y ddiod ddyddiol i weision ffermydd – byddai ffermwyr yn cael eu mesur yn ôl pa mor dda oedd y seidr cartref a pha mor hael oedd y teulu gyda'u casgenni. Byddai rhai gweision yn cario casgenni deuchwart ac yn eu llenwi

ddwywaith y dydd. Gwaith y gwas bach yn aml oedd mynd i seler y fferm i lenwi casgenni'r gweithwyr – ac fel rheol byddid yn gofyn iddo chwibanu wrth y dasg honno, rhag iddo gael ei demtio i yfed yn y seler!

Hyd at y Rhyfel Byd Cyntaf, cyflogau gweision ffermydd ar ororau'r canolbarth oedd 12 swllt yr wythnos a lwfans o ddau chwart y dydd o seidr. Byddai'r ddiod yn cael ei gloywi o gasgen fawr yn seler y fferm i gasgenni bychain bob bore a chanol dydd, a châi'r rhain eu cario gyda'r gweithwyr allan i'r caeau. Byddai gan y gweision lestri cyrn gwartheg i yfed ohonynt.

Byddai llawer o ffermydd yn gwneud eu seidr eu hunain. Gan ddibynnu ar y math o afal, byddai'r cnwd yn cael ei gasglu rhwng Awst a Rhagfyr. Roedd cannoedd o rywogaethau yn swydd Henffordd yn unig, yn cynnwys rhai'n dwyn yr enwau Dymock Red, Brown Snout, Golden Pippin, Leather Coat, Ten Commandments a Slack-ma-girdle.

Casglwyd yr afalau o'r perllannau a'u

Y Tŷ Gwyrdd, Llantarnam

Perllan afalau yn ei blodau yn Nyffryn Deur, swydd Henffordd

cario mewn sachau i'r wasg seidr. Mae 2,000 o weisg carreg wedi goroesi yn swydd Henffordd yn unig, er mai creiriau ydynt erbyn hyn. Cawsant eu tanseilio gan y melinau 'scratcher' oedd yn cael eu gyrru gan beiriant stêm swnllyd, gan wasgu'r afalau rhwng matiau rhawn. Llifai'r sudd i gasgen fawr – *hog* – i eplesu. Roedd rhai'n ychwanegu nitrogen i'r trwyth i fwydo'r burum gwyllt yn y sudd a'i gynorthwyo i eplesu. Mae hynny'n swnio'n hyfryd o wyddonol ond yr hyn yr oedd yn ei olygu'n ymarferol oedd ychwanegu gwaed – cig eidion, darnau o fyllt neu borc neu grwyn cwningod. Ond na, doedd dim gwirionedd yn y si honno bod llygod mawr yn diflannu i'r casgenni chwaith. Eto mae stori ar lafar gwlad am fochyn pedigri, aml-rubanog mewn sioeau, yn diflannu yn ystod y tymor seidr. Ddeuddeg mis yn ddiweddarach, wrth lanhau'r celwrn 400 galwyn, canfuwyd ei sgerbwd gwyn. 'Seidr gorau gawsom ni erioed,' meddai'r ffermwr.

Diod werinol oedd seidr yn bennaf ar y Gororau, gyda ffermydd yn ei chynhyrchu mewn dulliau digon amrwd ac anwyddonol ar gyfer torri syched eu gweision. Ychwanegid dŵr at y ddiod i gael y dwysedd alcohol i lawr i tua 4.5–5.5%. Hyd ddiwedd yr 20fed ganrif, roedd hen weision ffermydd ar y Gororau yn dal i gofio mai un o'r cwestiynau cyntaf a gâi ei ofyn wrth holi am dymor o waith ar fferm oedd 'Sut seidr sydd yno?'

Crëwyd y 'Beibl Seidr' Saesneg yn Henffordd. Lle bynnag y mae cyfeiriad at ddiod gadarn yn yr ysgrythurau, cyfnewidiwyd yr enw gwreiddiol a rhoi 'seidr' yn ei le. Yn Henffordd hefyd mae'r brif amgueddfa seidr wedi'i lleoli ac mae mosaic o afallen a'i ffrwythau addawol ar y palmant o flaen prif borth eglwys y dref.

Cafwyd adferiad mewn seidr fferm ar y Gororau yn niwedd yr 20fed ganrif. Mae llawer o siopau fferm rhwng y perllannau ac mae gwyliau seidr yn ffynnu mewn sawl tref a phentref. Sefydlwyd yr 21ain o Hydref yn Ddiwrnod yr Afal ac mae'n ddiwrnod o ddathlu'r cynhaeaf gydag adloniant a cherddoriaeth. Ym Mehefin 2017, ychwanegwyd perai a seidr traddodiadol o Gymru at y cynnyrch sydd â statws Dynodiad Daearyddol Gwarchodedig yr Undeb Ewropeaidd.

1. Gwasg afalau yn Amgueddfa Seidr Henffordd;
2. Afalau aeddfed; 3. Tafarn seidr ger Crucywel

Caer a'r Cymry

Dechreuodd George Borrow (1803–81) ei daith drwy Gymru o Gaer yn 1854 ar drywydd y profiadau y byddai'n eu cyhoeddi yn *Wild Wales*. Roedd wedi dysgu Cymraeg dan arweiniad osler Cymreig yn Norwich, ei dref enedigol, a doedd honno'n ddim ond un iaith o ddeuddeg yr oedd yn ei medru. Mae darllen y gyfrol yn brofiad theatrig gyda gorymdaith o gymeriadau hwyliog, gwyllt a difyr yn dal y golau bob hyn a hyn. Roedd wedi darllen llenyddiaeth Gymraeg ganoloesol yn helaeth ac roedd hynny'n lliwio'i farn. Pan gyrhaeddodd ddinas Caer, gwyddai fod enw gwael i'r cwrw lleol gan ei fod yn gyfarwydd ag englyn dychan Siôn Tudur i'r sglyfaeth peth. Mae'r englynwr yn honni mai eisin (nid haidd) sy'n y cwrw a'i fod yn cynnwys dŵr budur o dair afon y ddinas, ac yn gorffen gyda'r slogan [diweddariad]: 'blas cwrw Caer – cas gan gi' ('the flavour of Chester's beer – a dog wouldn't touch it')!

Yn ysbryd y dychanwyr Cymreig, mae George Borrow yn cael caws yn nhafarn y Pied Bull, yn ei weld yn edrych ac yn blasu yn debyg i sebon ac yn ei daflu i'r stryd. Cymer ddracht o'i beint a chanlyniad hynny yw ras arall at y ffenest agosaf i'w boeri allan. Yn y dref, mae'n cyfarfod y Cymry cyntaf – cardotyn, morwyn yn y dafarn, tyrfa o ymwelwyr nos Sadwrn oedd i gyd yn siarad Cymraeg. Mae Gerallt Gymro yntau yn cyfeirio at gaws anarferol a gafodd wrth ymweld â dinas Caer – caws ceirw oedd hwnnw. Nid yw'n ymhelaethu ar ei flas.

Hyd ddiwedd yr Oesoedd Canol, yr arfer yng Nghaer oedd mai merched oedd yn cadw'r tafarnau. Mae'n ddigon posib mai dylanwad cymeriad tafarnau Cymru oedd yn gyfrifol am hynny. Fodd bynnag, roedd yn destun siarad drwy Loegr ac enw anffodus yn cael ei roi ar ferched Caer. Yn 1541 deddfwyd nad oedd yr un ferch rhwng 14 a 40 oed i gadw tafarn yn y ddinas, neu byddai'n derbyn dirwy o £40.

Tystiodd mynach o'r enw Lucian o'r 12fed ganrif fod pobl dinas Caer yn debyg iawn i'r Cymry a hwythau wedi bod yn gymdogion iddynt cyhyd. Y Gymraeg oedd yr iaith gryfaf yn y ddinas ar ddyddiau marchnad yn Oes Fictoria yn ôl George

1. *Tafarn y Pied Bull; 2. & 3. Owen Jones ac arfbeisiau siroedd Cymru ar hen adeilad y North and South Wales Bank*

Borrow, ac roedd morwyn y Pied Bull wedi'i sicrhau fod llawer o rieni Cymreig wedi magu'u plant drwy'r Gymraeg er nad oedd y rheiny erioed wedi ymweld â'u hen wlad.

Cyn i'r North & South Wales Bank (a gâi ei nabod ar hyd ei oes fel y 'Wales Bank') uno â'r Midland yn 1908, roedd yn un o'r banciau rhanbarthol mwyaf gyda dros gant o ganghennau. Sefydlwyd y banc yn 1836 ac roedd un o'r canghennau yn Eastgate Street, o dan y cloc yng Nghaer (HSBC bellach). Mae arfbeisiau siroedd Cymru i'w gweld yn lliwgar ar hyd ei wyneb hyd heddiw. Ar ochr y drws mae plac clai i gofio Owen Jones a fu farw yn 1659. Cigydd yng Nghaer oedd Owen a neilltuodd swm o arian yn flynyddol yn ei ewyllys i'w rannu rhwng tlodion y ddinas. Deilliai'r arian o forgais ar 80 acer o dir gwael ym Minera ger Wrecsam. Roedd dirgelwch yn perthyn i fore ei oes – canfuwyd babi mewn blanced wedi'i glymu wrth raff cloch eglwys Llaneurgain. Fe'i magwyd gan gwpl tlawd a châi ei nabod fel 'Owen Rhaff'. Yna daeth yn brentis cigydd yng Nghaer. Yn 1744, canfuwyd plwm ar y tir ym Minera a chynyddodd gwerth y morgais o £27 i £13,000. Rhoddodd 'Ymddiriedolaeth Owen Jones' arian i godi ysbyty St John yng Nghaer, yn ogystal â rhoddion i'r tlodion, a chafodd ei anrhydeddu gan ei gyd-Gymry wrth borth eu banc.

Gwelwyd newidiadau mawr yn aber Dyfrdwy dros y 300 mlynedd diwethaf. Ganrifoedd yn ôl roedd yr aber yn 20 milltir o hyd ac yn 5 milltir o led ar ei lletaf. Wrth iddi lenwi, datblygwyd porthladdoedd bychain ar y glannau gorllewinol, yn arbennig wedi i'r teulu Summers sefydlu gwaith dur yn Shotton. Rhwng 1732 ac 1737 agorwyd sianel i longau fedru hwylio o Gei Connah i Gaer gan ennill bron 20 milltir sgwâr o'r hen foryd yn dir amaethyddol. Ond y porthladdoedd Cymreig sydd brysuraf o hyd – mae badau isel enfawr yn cario adenydd Airbus o Frychdyn i lawr yr aber i borth Mostyn cyn eu hallforio i Toulouse y dyddiau hyn.

Cododd y Cymry nifer o gapeli yn y ddinas – mae un mewn lleoliad amlwg yng nghanol y ddinas o hyd. Adeiladwyd y Capel Methodistaidd Cymreig yn St John Street yn 1866 ac arwydd o nerth y gymdeithas Gymreig yn y ddinas yw ei fod wedi'i adnewyddu yn 1990. Y Parchedig Robert Parry yw'r gweinidog, yn ôl yr hysbysfwrdd uniaith Gymraeg, ac mae cymdeithasau Cymreig a llenyddol yn cyfarfod yno bob nos Fawrth drwy'r gaeaf. Uwch y porth, mae penddelwau Llywelyn Fawr a Dewi Sant yn gwahodd ac yn gwarchod y gynulleidfa.

Er gwaetha'r haenau o hanes brith sydd rhwng y ddinas a'r Cymry, mae croeso twymgalon i'w gael yno i'r acen Gymreig erbyn hyn. Bydd tynnu coes a rhoi ambell broc i'r cof am y dyfal doncio ar y Gororau, ond bydd gwên ac ambell air o Gymraeg yn cael ei rannu o'r tu ôl i'r cownteri a'r bariau.

Mae yma gyfarfod a gwahanu. Yng ngorsaf Caer, mae trên i Gymru yn rhannu'n ddau. Mae rhan ohono'n mynd ymlaen am Lerpwl ond rhaid i bawb sy'n dymuno taith hyfryd ar hyd glannau gogledd Cymru stwffio i ddau gerbyd (heb wres, heb adnoddau caffi, heb lawer o le i gesys).

Eto, ceir digon i wrthbrofi dychan enllibus Siôn Tudur a George Borrow i safon cwrw a bwyd y ddinas. Cewch flasu cwrw traddodiadol yn nhafarn y Pied Bull, a hwnnw wedi'i fragu yn y seler, neu beth am beint o IPA o Gilgwri i dorri syched diwrnod poeth o haf? Mae tafarnau a diodydd lleol o safon yn y ddinas heddiw a darparu gwledd a thorri syched yn sleisen dew o'i heconomi. Mae'n lle rhagorol am gynnyrch Cymreig, gyda nifer o dai bwyta'n cynnig seigiau cig oen o'r mynyddoedd neu gregyn gleision o'r Fenai.

Cerflun o ben Llywelyn Fawr wrth borth Capel Cymraeg Caer

Amwythig – gorsaf Gwalia

Wrth ymyl y stafell aros ar Blatfform 3 yng ngorsaf reilffordd Amwythig mae llechen i nodi mai yno, rhwng cyrraedd gyda thrên Bangor a gadael gyda thrên Caerdydd, y cyfansoddwyd un o emyn-donau hyfrytaf a mwyaf poblogaidd Cymru. Y flwyddyn oedd 1938; y cyfansoddwr oedd Arwel Hughes. 'Tydi a Roddaist' oedd y dôn, ar gyfer geiriau T. Rowland Hughes, 'Tydi, a roddaist liw i'r wawr'. Roedd y cyfansoddwr a'r bardd yn gyd-weithwyr yn y BBC yng Nghaerdydd ac roedd y penillion wedi bod ym mhoced côt Arwel Hughes ers tro – yntau'n methu'n lân â chael ysbrydoliaeth i greu tôn ar eu cyfer. Gan ei fod yn byw ym Mangor ac yn gweithio yng Nghaerdydd, roedd y cyfansoddwr yn gyfarwydd iawn â rheilffyrdd y Gororau a'r oedi yn Amwythig. Wrth gerdded ar hyd y platfform i dreulio dwyawr yn y stafell aros y pnawn Sul hwnnw, teimlodd y darn papur yn ei boced a chofiodd am y dasg a gyflwynwyd iddo. O fewn ugain munud, roedd y dôn gyfan wedi'i chyfansoddi, tôn fyddai'n atseinio mewn capeli drwy Gymru yn fuan iawn ac yn cael ei chanu gan gorau meibion ar bum cyfandir.

Yn niflastod y stafell aros ac wrth bensynnu uwch yr eironi rhyfedd fod yn rhaid iddo gael taith hir a thrafferthus drwy Loegr er mwyn cymudo rhwng dwy ddinas yn ei wlad ei hun, pwy ŵyr nad yr ysgogiad iddo fynd ati i greu oedd y cwpled hwn yn yr emyn: 'O cadw ni rhag colli'r hud / Sydd heddiw'n crwydro drwy'r holl fyd'!

Cyn y trên, roedd hi'n oes y cychod. Gellid mordwyo afon Hafren o'i haber hyd y Trallwng ac roedd Amwythig mewn safle canolog i fwydo nwyddau i ganolbarth Cymru a chasglu nwyddau eraill oddi yno. Cwch afon gyda hwyl arni – a elwid yn *trow* – oedd brenin y drafnidiaeth ar yr afon. Codwyd cei pwrpasol ar eu cyfer yn ardal Mardol o'r dref yn 1607 ac erbyn 1736 roedd 376 o'r cychod hyn yn gweithio o Amwythig. Erbyn diwedd y ganrif honno, cysylltwyd afon Hafren drwy gamlesi ag Ironbridge, Llangollen a'r Drenewydd, gan gynyddu'r fasnach gychod yn Amwythig eto fyth.

Pan ddaeth hi'n amser cael cysylltiad cyflymach rhwng Llundain a threfi

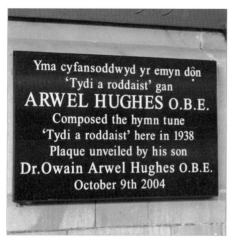

rhanbarthol Lloegr, sefydlwyd gwasanaeth coets fawr dair gwaith yr wythnos rhwng Amwythig a'i phrifddinas yn 1773. Roedd un gyrrwr yn dipyn o dderyn. Cyflymder oedd popeth i Samuel Hayward. Yn 1825, gadawai Amwythig am bump y bore gyda choets pedwar ceffyl o'r enw The Wonder a chyrhaeddai Lundain 16 awr yn ddiweddarach. Roedd angen 150 o geffylau i'w alluogi i wneud y daith ar y cyflymder hwnnw; roedd y ceffylau'n cael eu newid mewn pum eiliad – a dim lol – yn y tafarnau penodedig. Yn 1838, gadawodd The Wonder Lundain yr un pryd ag y gadawai'r trên o Euston ond cyrhaeddodd Amwythig ugain munud o flaen yr injan stêm. Byddai'n troi o allt y Wyle Cop i mewn i fuarth gwesty'r Lion heb arafu'i garlam, mae'n debyg – er nad oedd ganddo ddim ond modfedd a hanner o le i chwarae rhwng ei olwynion a waliau porth y gwesty.

Yn 1807, adeiladwyd lôn bost dros y bryniau o Amwythig i Aberystwyth a rhwng 1815 ac 1836, datblygodd Thomas Telford gymal 107 milltir o'r A5 drwy Eryri i borthladd Caergybi. Dyma'r sialens fwyaf a wynebodd Telford wrth lunio'i ffordd

gyflym i gysylltu Dulyn a Llundain. Tynhau'r cwlwm rhwng y cyrion a phrifddinas yr Ymerodraeth Brydeinig oedd agenda fawr Telford ond gwnaeth gyfraniad sylweddol i'r Gororau yn ogystal - roedd yn gyfrifol am 42 o bontydd yn swydd Amwythig yn unig. Hon oedd y ffordd orau yn Ewrop ar y pryd, yn ôl rhai haneswyr, ac unwaith eto tref Amwythig oedd ar y map, gan ennill y blaen ar ddinas Caer fel 'y porth i Gymru'.

Newidiodd popeth eto gyda dyfodiad y rheilffyrdd. Cyrhaeddodd trenau nwyddau a theithwyr y dref hon yn 1848 ac erbyn diwedd y ganrif roedd yn gyffordd bwysig i drenau gwyliau gwlad a glan y môr yn ogystal. Agorwyd rheilffordd o Amwythig i Gaer yn 1846 a chafodd honno ei hymestyn ar hyd glannau gogleddol Cymru ac ar draws aber Conwy ac afon Menai yn 1848. Agorwyd lein y Cambrian o Amwythig i Aberystwyth a changen arall drwy Feirionnydd gan gyrraedd Pwllheli yn 1867. Yn 1865, agorwyd Rheilffordd y Canolbarth o Abertawe i Amwythig, gan gario llawer o ymwelwyr i'r ffynhonnau oedd mor boblogaidd yn nhrefi Maesyfed yn yr oes honno. Âi rheilffyrdd eraill am

Groesoswallt, y Waun, Rhiwabon a Wrecsam ac un arall drwy Lwydlo a Henffordd i'r Fenni, Casnewydd a Chaerdydd. Roedd pum rheilffordd o wahanol rannau o Gymru yn cyfarfod yng ngorsaf Amwythig pan ychwanegwyd trydydd llawr o dan yr adeilad Gothig hwnnw yn 1899.

Canlyniad yr holl gledrau hyn oedd bod modd mynd o Borthmadog, o'r Bala, o Fangor, o Aberaeron, o Ferthyr Tudful ac o Lanelli yn weddol rwydd i Amwythig ac yn ôl o fewn yr un diwrnod. Yn bwysicach na dim, roedd digon o amser rhwng y ddwy daith i gynnal y peirianwaith hollbwysig, Cymreig hwnnw – sef pwyllgor cenedlaethol.

Mae'n bosib mai'r Eisteddfod Genedlaethol a wnaeth i'r olwyn arbennig hon droi gyntaf i gyd. Fel y dangosodd Hywel Teifi Edwards, roedd Cymru Anghydffurfiol Oes Fictoria wedi cael digon ar ŵyl genedlaethol oedd yn cael ei threfnu gan ddyrnaid o feirdd ail a thrydydd dosbarth oedd yn cyfarfod mewn tafarnau myglyd. Roedd angen gwell trefn a gwell cynrychiolaeth, meddid yn y wasg Gymraeg erbyn canol y ganrif honno. Yn Nhachwedd 1860, daeth tri chant o bwyllgorwyr ynghyd o bob rhan o Gymru i'r Neuadd Gerdd yn Amwythig i roi trefn ar eisteddfod y flwyddyn ganlynol. Y platffyrm Cymreig yng ngorsaf Amwythig a wnaeth y cyfarfod hwnnw'n bosibl. Mae'n ddiddorol canfod fod rheolwr rheilffordd ranbarthol yng Nghymru yn un o'r tri a drefnodd y cyfarfod hwn er mwyn sicrhau 'iawn-drefniad yr Eisteddfod'.

Ar ddechrau'r cyfarfod hanesyddol hwnnw yn 1860, cyfarchwyd y trichant ag englynion gan Gwilym Mai:

Gwŷr y De â goreu duedd – unant
I anerch y Gogledd ...

Dyna daro'r hoelen ar ei phen. Bu cynnen draddodiadol erioed rhwng beirdd Gwynedd a beirdd Morgannwg; rhwng 'dull y De' a 'dull y Gogledd' o ganu cerdd dant a rhwng trefniadau'r eisteddfodau gogleddol a deheuol. Yma'n Amwythig byddai undod. Byddai gwrando a deall safbwyntiau'r naill a'r llall. Byddai trafodaeth frwd, ond byddai hefyd gyfle i gymdeithasu.

Yn ei ysgrif chwareus ond dadlennol 'Symffoni i "Amwythig"', mae R. T. Jenkins yn darlunio'r pwyllgorau Cymreig a gynhelid yn y dref erbyn y 1930au. Dyma brifddinas Cymru yr oes honno, meddai:

> Iddi hi yr heigia'r Cymry sy'n Ymosod ar hyn, yn Amddiffyn y llall, yn Diogelu hwnacw neu yn ei Ddiwygio. Pwyllgorau a Byrddau'r Brifysgol, Darlledwyr a Dirwestwyr, Arholwyr ac Arolygwyr, Cronfeydd ac Undebau – try pawb ei wyneb tua'r Gaersalem hon.

Darlunia gaffis a gwestai'r dref yn llawn arogleuon coffi a mwg baco wrth i'r Cymry gyfnewid straeon a sgandalau. Pan fydd gennym hunanlywodraeth yng Nghymru, awgryma'r ysgrifwr, 'Ni bydd yr Ymreolaeth honno'n werth botwm corn oni bo Amwythig o fewn terfynau'r Wladwriaeth Gymreig. I ba le yr awn i Bwyllgora, ac Amwythig mewn estron wlad?' Mae'n awgrymu y dylai Cymru brynu Amwythig gan Loegr, a thalu'n ddrud iawn amdani. Byddai'n werth pob ceiniog! Dyna pam, meddai, roedd Glyndŵr mor awyddus i gynnwys y dref o fewn ffiniau Cymru wrth setlo ar y Cytundeb Tridarn i rannu Lloegr.

Pan giliodd oes aur y rheilffyrdd, tyfodd Llandrindod – ac yna maes y Sioe Fawr yn Llanelwedd – yn ganolfannau'r pwyllgorwyr ceir. Ond roedd Pwyllgor Eciwmenaidd yr Eglwys yng Nghymru – ac ambell bwyllgor Cymreig arall – yn dal i gyfarfod yn Amwythig hyd ddiwedd yr 20fed ganrif.

Un o bileri'r Gymdeithas Gymraeg yn Amwythig heddiw ydi Mary Dolphin a hi sy'n cadw archif y gymdeithas sy'n mynd yn ôl i ddechrau'r 1920au. Daeth nifer o Gymry i'r ardal i weithio ar y rheilffyrdd neu i nyrsio yn ysbyty 'yr Hen Salopian Infirmary'. Roedd Aelwyd yr Urdd yn cyfarfod yn stafell gefn y capel Cymraeg yn Dogpole a dyna lle y cafodd amryw ohonyn nhw afael ar gariad o'r hen wlad. Hyd yn ddiweddar, roedd tîm Talwrn y Beirdd 'Y Gororau' a recordiwyd y rhaglen yn Amwythig unwaith. Mae aelodau'r Gymdeithas Gymraeg yn sgwennu llythyrau at S4C yn gofyn iddyn nhw gael mast darlledu sy'n cyrraedd eu cartrefi hwy. Siomedig ydi'r atebion: 'Rydych yn byw yr ochr anghywir i'r Clawdd'. Ond does dim Clawdd ym meddyliau Cymry Amwythig.

Clive o India

Ar Sgwâr y Farchnad, Amwythig mae cerflun efydd o ddyn awdurdodol – Robert Clive. Mae'r cerflunydd wedi cael trafferth i gau botymau'i gôt o gwmpas ei fol imperialaidd. Cafodd ei eni yn Market Drayton ond ei dynged fyddai ehangu grym ac aur yr Ymerodraeth Brydeinig yn India. Ymunodd â'r East India Company yn 1742. Roedd gan y cwmni hwnnw 'adran filwrol' – sy'n beth gwych iawn i'w gael wrth drafod busnes gyda phobl dramor, mae'n siŵr. Disgleiriodd Clive ar faes y gad wrth ymladd â Ffrancwyr oedd hefyd ag awydd dwyn sleisen o'r gacen fawr yn y Dwyrain Pell. Yn y diwedd llwyddodd i gyflwyno India gyfan i Brydain wneud fel y mynnai â hi. Wedi'r goncwest filitaraidd, daw'r gwobrwyon economaidd – codi'r cestyll, malu picelli'r brodorion ac yna rheoli'r economi newydd. Fel y dywed Hefin Jones yn ei gyfrol ar yr Ymerodraeth Brydeinig, *Celwydd a Choncwest*, 'Bu farw oddeutu 10 miliwn o bobl Bengal yn y newyn ... yn 1770 oherwydd dulliau tebyg i'r hyn a weinyddodd y Saeson yn Iwerddon ddegawdau yn ddiweddarach.' Ar un adeg, wrth gwrs, roedd y gwersi hanes yn dyrchafu gweithredoedd Robert Clive ac yna'i fab, Edward, fel rhai 'arwrol'.

Dychwelodd Clive i'r Gororau a'i

Cerflun Robert Clive yn Amwythig

bocedi'n orlawn o aur. Gyda'i ffortiwn anferth prynodd stadau helaeth; daeth yn Faer Amwythig ac yn aelod seneddol. Lladdodd ei hun wedi dioddef pwl eithafol o iseldra yn 48 oed.

Priododd Edward Clive yr olaf o deulu'r Herbertiaid oedd yn berchen ar stad Castell Powis ger y Trallwng, a derbyniodd yr anrhydedd o gael ei ddyrchafu'n Iarll Powis yn 1804. Mae'r un teulu'n byw yno o hyd ac wedi trosglwyddo'r 'Castell Coch' i ofal yr Ymddiriedolaeth Genedlaethol ers 1965.

Mae 'Amgueddfa Clive' yn rhan o'r arddangosfeydd yno heddiw ac yn cynnwys dros 300 o drysorau India – mwy nag a geir yn Amgueddfa Genedlaethol y wlad honno. Y tu allan i brif fynedfa'r castell mae canon addurniedig i'n hatgoffa sut y casglwyd y fath drysorau. Ar waliau'r amgueddfa mae enghreifftiau o'r picelli a'r saethau oedd gan yr Indiaid i'w hamddiffyn eu hunain ar y pryd. Mae wal gyfan o'r arddangosfa wedi'i neilltuo i baentiad anferth o seremoni ddychmygol pan arwyddodd Shah Alam, un o frenhinoedd India, ddogfen yn trosglwyddo'r hawl i Sais mewn côt goch hel trethi yn y diriogaeth honno. Pan ewch oddi yno ar draws y cwrt i'r prif adeilad, cewch eich croesawu gan un o wirfoddolwyr ymroddedig yr Ymddiriedolaeth. 'Welcome to the Dining Room' fydd y geiriau wrth iddi chwifio'i braich o gwmpas ystafell ysblennydd yn llawn llestri a chawgiau arian. Synnwn i ddim chwaith na chewch chithau'r un ysfa i droi'r bwrdd drosodd a tholcio dipyn ar y trysorau. Er mor ysblennydd ydi tai a gerddi'r Ymddiriedolaeth mewn llawer man, dydyn nhw ddim eto wedi canfod ffordd o adrodd y stori gyflawn, ac wynebu'r gormes a'r camweddau sydd y tu ôl i'r plastai yn onest a chlir.

Awn draw i'r caffi bach am dipyn o luniaeth cartref. Yno, mae'r sudd afal yn niwlog hefyd.

Y Castell Coch, y Trallwng

Eiddo'r Ymerodraeth

Y tu allan i Grucywel mae plasty Gwernvale, hen gartref George Everest. Aeth yn beiriannydd a syrfëwr i India yn 1830 ac yn 1864 ef a 'ganfu' fynydd uchaf y byd. Derbyniwyd yr enw 'Everest' fel enw rhyngwladol ar y mynydd, er bod ganddo enw Tibeteg eisoes, Chomolungma.

Ond chwarae plant ydi newid enwau lleoedd yn rhychwant gweithgareddau unrhyw ymerodraeth, wrth gwrs. Roedd Cymru'n un o ardaloedd mwynau ac adnoddau naturiol mwyaf cyfoethog Ewrop a chafodd y wlad, a'i gororau, eu llygadu, eu meddiannu a'u gwagio o'r cyfoeth hwnnw. Daeth y Rhufeiniaid a'u llengoedd i hawlio'u siâr; bu'r Normaniaid wrthi a hynny drwy rym cestyll a llafur crefftwyr y tu ôl i furiau cadarn. Ond yr Ymerodraeth Brydeinig a gafodd yr elw mwyaf – a'r dylanwad mwyaf – ar yr ardaloedd diwydiannol hyn.

Yng ngogledd y Gororau, yr ardal ddiwydiannol gynharaf yng Nghymru oedd dyffryn Treffynnon gyda'i felinau dŵr a'i weithfeydd copr, plwm, glo a chotwm. Tyfodd y Bers, ger Wrecsam, yn un o arloeswyr y diwydiant haearn drwy'r byd ac yn 1774 datblygodd gwaith dur Wilkinson, y Bers, offer i wneud canon un darn. Roedd chwarter olaf y 18fed ganrif yn un o'r cyfnodau mwyaf rhyfelgar a welodd y byd a chanonau'r Bers fu'n tanio dros Brydain a'r llynges bwerus oedd ganddi. Yn ddiweddarach, y Bers fyddai'n cyflenwi'r silindrau dur i'r peiriannau stêm cyntaf a Chymru fyddai prif gyflenwr rheilffyrddd a glo stêm y byd. Rhwng 1770 ac 1858, dyblodd poblogaeth Cymru ac erbyn diwedd y cyfnod hwnnw, dim ond traean o'r bobl oedd yn gweithio ar y tir.

Yn ne'r Gororau, mae pwysigrwydd Blaenafon wedi'i gydnabod ac mae'r ffwrneisi a'r pyllau glo yno wedi'u dynodi yn un o Safleoedd Treftadaeth y Byd. Cyn codi'r ffwrneisi yno, roedd yr haearn yn cael ei doddi mewn tanau agored ar y mynydd nes byddai'r awyr goch i'w gweld o bellteroedd.

Cael y cyfoeth o'r mannau ymylol hyn i fod o ddefnydd i'r Ymerodraeth oedd y nod ac roedd daearyddiaeth Cymru'n ei gwneud yn wlad anodd i'r ecsbloetwyr cynnar. Nid yw'n rhyfedd felly fod llawer o ddatblygiadau chwyldroadol o ran cludo nwyddau – camlesi, pontydd, rheilffyrdd – wedi'u gwneud yn yr ardaloedd diwydiannol hyn.

Dŵr i'r dwyrain

Yn y de-ddwyrain mae rhwydwaith o ffyrdd dŵr yn dwyn yr enw Camlas Sir Fynwy a Brycheiniog. Yn y canolbarth, ceir Camlas Maldwyn ac yna Camlas Llangollen yn y gogledd-ddwyrain. Mae darnau helaethach yn cael eu hadfer a'u hailagor yn gyson gan gynnig llwybrau hamddenol a gwledig i gychod lliwgar.

Diwydiannol, wrth gwrs, oedd eu diben ar y dechrau. Cario glo a haearn i borthladd Casnewydd yn niwedd y 18fed ganrif a wneid ar hyd camlesi Mynwy. Cysylltai Camlas Maldwyn y gororau hynny â'r Shropshire Union Canal ac roedd ganddi ran yn cario gwlân i Amwythig a chalch o chwareli Llanymynech. Cynlluniodd Thomas Telford ddwy draphont ddŵr ysblennydd i gysylltu Camlas Llangollen â rhwydwaith dŵr swydd Amwythig, a chludo'r dŵr ei hun oedd ei phrif ddiben. Cludai ddŵr croyw Cymreig i gronfa ddŵr yfed yn Hurleston ac roedd ei lli yn hanfodol i fwydo rhwydwaith camlesi canolbarth Lloegr. Ataliwyd cychod arni yn 1939, ac oherwydd diffyg gwaith cynnal a chadw torrodd glan y gamlas ger Llangollen ym Medi 1945. Tanseiliwyd y rheilffordd gan gannoedd o dunelli o ddŵr gan achosi damwain drên a laddodd un o'r criw ac anafu dau arall. Adferwyd y gamlas wedi hynny a'i chynnal fel y dylsid, a bellach mae'n un o gamlesi twristaidd mwyaf poblogaidd Prydain.

Ond er bod cymaint o ddatblygiadau trafnidiaeth yma, mae'n anodd meddwl mor wledig ac anhygyrch oedd rhai o ardaloedd eraill y Gororau cyn adeiladu'r rheilffyrdd. Ar 27 Gorffennaf 1863, agorwyd rheilffordd Llanfyllin. Dathlwyd drwy gael trip 23 cerbyd i gludo 600 o'r trigolion bob cam ar hyd y lein i'r Borth, ger Aberystwyth. Roedd amryw o'r rhai a aeth ar y daith honno yn gweld y môr am y tro cyntaf.

Mae hynny'n fy atgoffa o stori a glywais yn y Cann Office, Llangadfan. Pan gafwyd car yn yr ardal, penderfynodd y perchennog fynd i Borthmadog am dro. Wrth basio Llyn Trawsfynydd, mi ddywedodd hen fachgen yn y cefn, gan edrych ar y llyn: 'Dew, mae'r hyn maen nhw'n ddeud yn hollol wir, hefyd.' 'Be rŵan, Dei?' '*Mae*'r môr yn fawr ...'

Dannedd diwydiant

Cyrhaeddodd cyfoeth i rai yn sgil y twf diwydiannol ond roedd tlodi a safon byw isel yno'n barhaus yn ogystal. Pan gaewyd gwaith dur Brymbo adeg y Dirwasgiad yn 1931, canran y di-waith ym Mrymbo (81.5%) oedd yr uchaf yng Nghymru. Pan gaeodd gwaith dur Glynebwy yn 1978, collodd 4,500 o weithwyr eu cyflogaeth.

Bu dirwasgiad yng ngweithfeydd haearn Gwent wedi cwymp yn y galw am arfau ar ôl rhyfeloedd Napoleon. Arweiniodd hynny at derfysg ymysg y gweithwyr yn 1816 ac 1822 a galwyd y milwyr yno. Codwyd tyrau crynion yn Nant-y-glo fel amddiffynfeydd personol i'r perchnogion. Yn ystod y ganrif a ddilynodd, roedd cysylltiad eironig iawn rhwng byddinoedd yr Ymerodraeth a'r gweithwyr diwydiannol – eu rhyfeloedd oedd yn creu llewyrch; eu grym a ddefnyddid i gadw'r gweithwyr yn eu lle pan oedd pethau'n ddrwg. 'When the red-coats rode to Gwalia to beat the toilers down,' chwedl y bardd Idris Davies (1905–53) am y defnydd o filwyr i wastrodi gweithwyr mewn anghydfod diwydiannol. Defnyddiwyd barics milwrol Aberhonddu sawl tro i letya catrodau o'r fyddin Brydeinig yn barod i'w defnyddio yn erbyn glowyr a gweithwyr haearn cymoedd diwydiannol de-ddwyrain Cymru. Yn yr un modd, defnyddiwyd milwyr o Gaer yn erbyn glowyr gogledd-ddwyrain Cymru yn 1869.

Roedd cyflogau'r glowyr i fyny ac i lawr yn ôl y tywydd a'r stoc oedd ar gael, ond ar ben hynny gweithredwyd polisi o wahardd y Gymraeg ymysg y gweithwyr yng nglofeydd yr Wyddgrug. Bu helynt wedi cyhoeddi toriad arall yng nghyflogau'r gweithwyr, ac mewn achos llys yn erbyn saith ohonynt, datgelwyd mai 4/6 (26c) y dydd oedd uchafswm cyflog y glowyr Cymreig tra bod glowyr o Loegr yn cael ennill hyd at 7/6 (37c) y dydd. Tyrfa

Cofeb Tanchwa Gresffordd

anfodlon adawodd y llys wrth glywed fod dau o'u cyd-weithwyr wedi'u dedfrydu i fis o garchar. Ymgasglodd tyrfa wrth yr orsaf i geisio atal y trên fyddai'n cludo'r glowyr i garchar castell y Fflint a dechreuwyd taflu cerrig. Daeth milwyr Caer o'u barics yng nghanol y dref a saethu i'r dyrfa gan ladd pedwar ac anafu ugain arall. 'Justifiable Homicide' oedd dedfryd y cwest.

Elfen arall o ddioddefaint yr ardaloedd diwydiannol oedd y damweiniau di-ri a ddigwyddai yn y gweithfeydd. Lladdwyd 268 o lowyr a bechgyn yng ngwaith y Prince of Wales, Aber-carn ym Medi 1878. Dim ond un aelod oedd ar ôl mewn côr capel Methodistaidd yn yr ardal wedi hynny. Rhwng 1837 ac 1927, lladdwyd dros 3,500 o lowyr yn sir Fynwy yn unig gyda'r drychineb fawr olaf yn digwydd yng nglofa'r Six Bells, Abertyleri yn 1960 pan laddwyd 45 o'r gweithwyr. Yn y 1920au £25 o iawndal allai gweddw ei ddisgwyl os collai ei gŵr mewn damwain ddiwydiannol. Yr un pryd, bernid bod gwerth merlyn yn y lofa yn £40.

Er bod clychau eglwys Gresffordd yn cael eu rhestru ymysg 'rhyfeddodau Cymru' yn Oes Fictoria, cloch wahanol mae enw'r pentref yn ei chanu yng nghof Cymru erbyn hyn. Am 2 o'r gloch, bore

Sadwrn, 22 Medi 1934, lladdwyd 262 o lowyr yno mewn tanchwa ddwy fil o droedfeddi dan ddaear. Lladdwyd tri o'r tîm achub wedi hynny, a gweithiwr arall yn sgil ail ffrwydriad. Dim ond un ar ddeg o'r cyrff y llwyddwyd i'w codi i'r wyneb. Codwyd swm o dros £566,000 i'r teuluoedd ond pan gyhoeddwyd adroddiadau'r ymchwiliad swyddogol, gwelwyd bod rheolau diogelwch wedi'u diystyru am gyfnod maith cyn y ddamwain. Dirwy o £140 (a £350 o gostau) a gafodd perchnogion y pwll ar ôl eu cael yn euog o wyth cyhuddiad.

Cofeb i golledion y Six Bells

Llys y Siartwyr

Ond dewch i Drefynwy. Awn i mewn i Neuadd y Dref, adeilad colofnog ysblennydd ar Sgwâr Agincourt ar ben uchaf y brif stryd. Mae'r gŵr ifanc croesawus yn y ganolfan ymwelwyr yn y cyntedd yn ein cyfeirio at y llys barn gwreiddiol sy'n agored i'r cyhoedd i fyny'r grisiau mawreddog. Y tu ôl i'r drws wrth gamu i mewn i'r llys mae grisiau garw yn mynd â ni i'r celloedd lle cedwid y carcharorion cyn eu harwain i'r doc. I lawr â ni i'r tywyllwch a'i olau bach gwan. Mae'r celloedd fel yr oeddent ddau can mlynedd yn ôl. Rydan ni'n sbecian drwy'r bariau ar y dde cyn darllen hanes Edmund Hoskins a gafodd ei grogi am ddwyn trowsus. Troi am y fynedfa. Rhagor o gelloedd ... Ond y tro hwn, mae wynebau cwyr rhwng y bariau. Zephaniah Williams ... ac yna John Frost ... ac yna William Jones ...

Dyma Siartwyr Cymru. Yn 1839 arweiniodd y tri gŵr 3,000 o orymdeithwyr o gymoedd de-ddwyrain Cymru i Gasnewydd. Roedd milwyr yn disgwyl amdanynt yn ffenestri gwesty'r Westgate yng nghanol y dref. Yn y gwrthdaro rhwng y protestwyr a 500 o gwnstabliaid arbennig, saethodd y milwyr at y dorf drwy ffenestri'r gwesty. Lladdwyd 22 o'r Siartwyr ac anafwyd 50 gan gleddyfau neu fwledi'r milwyr. Ond tri arweinydd y Siartwyr fu ar brawf am 'deyrnfradwriaeth' yn y llys hwn yn Nhrefynwy. Condemniwyd y tri i'r farwolaeth erchyll, ganoloesol honno, crogi, dirberfeddu a chwarteru – dyma'r tro olaf i'r gosb hon gael ei dedfrydu. Yn y diwedd, yn dilyn deiseb luosog at y Prif Weinidog yn hawlio trugaredd, newidiwyd y ddedfryd i drawsgludo i Van Diemen's Land – Tasmania erbyn hyn. Aed â hwy i Gasgwent ac ar long i ddal y llong garchar yn Portsmouth.

Wrth gerdded o amgylch y llys, gallwn eistedd yn sedd y barnwr a theimlo grym y wladwriaeth oedd yn ei ddwylo. Ar y bwrdd yng nghanol yr ystafell mae tystiolaeth 'ddamniol' mewn bocs o ynnau a phistolau gyda thagiau ac enwau'r arweinwyr arnynt.

Flwyddyn cyn yr orymdaith, cyflwynwyd Siarter y Bobl yn Nhŷ'r Cyffredin yn galw am bleidlais gudd i bob dyn dros 21 oed; cyflog i aelodau seneddol

ON NOVEMBER 4TH 1839
MORE THAN TWENTY SUPPORTERS OF THE
CHARTIST MOVEMENT WHICH SOUGHT TO
ESTABLISH DEMOCRATIC RIGHTS FOR ALL MEN,
DIED IN AN EXCHANGE OF SHOTS AT THE
WESTGATE HOTEL NEWPORT TEN WERE BURIED
IN THIS CHURCHYARD IN UNMARKED GRAVES.
THIS STONE IS DEDICATED TO THEIR MEMORY.

a dim cymhwyster meistr tir i fod yn un; etholaethau cyfartal o ran poblogaeth ac etholiad blynyddol. Aeth cannoedd o bobl gyffredin i garchar wrth ymgyrchu dros yr hawliau hyn ond Gorymdaith Casnewydd oedd yr uchafbwynt ar 4 Tachwedd 1839.

Arestiwyd dros 200 o Siartwyr a chyhuddwyd 14 ohonynt o deyrnfradwriaeth; 40 arall o derfysgu, cynllwynio a dwyn. Pan gyrhaeddodd John Frost Van Diemen's Land, cafodd ei ddedfrydu i ddwy flynedd o lafur caled am sylw difrïol a wnaeth am brif swyddog y coloni. Wedi 13 blynedd, cafodd ryddid i adael. Treuliodd gyfnod yn teithio o amgylch Tasmania yn areithio yn erbyn annhegwch system lywodraethol Prydain cyn dychwelyd i fyw ym Mryste yn 1856 lle y bu farw yn 1877, yn 93 oed.

Mae'r hanes yn fyw iawn ar strydoedd Casnewydd o hyd. Enwyd Sgwâr John Frost er anrhydedd iddo. Mae cerfluniau ar y stryd o flaen y Westgate Hotel yn cofio am egwyddorion y Siartwyr. Gwelir carreg goffa i rai a saethwyd gan y milwyr ac a gladdwyd mewn bedd torfol, dienw ym mynwent yr eglwys gadeiriol ar ben yr allt, ac mae posteri cyfoes ar furiau'r ddinas yn cadw'r cof yn fyw am hawliau'r werin. Bu cymaint o wrthwynebiad i benderfyniad Cyngor y Ddinas i chwalu murlun y Siartwyr nes i'r Cyngor gyflwyno £50,000 i gronfa i gomisiynu murlun newydd i gofnodi'r hanes. Mae taflen 'Taith yn dilyn ôl traed y Siartwyr' ar gael yn y canolfannau ymwelwyr.

Cofio trawsgludiad y Siartwyr ar lan afon Gwy, Cas-gwent

'Duw sy'n rhoi dŵr inni'

Mae afon Camlad yn llifo o fryniau gorllewin swydd Amwythig i Bowys yn ardal yr Ystog wrth y Trallwng. Dyma'r unig ddŵr sy'n llifo o Loegr i Gymru.

Peth mawr yw prinder dŵr. Roedd rhai o ardaloedd y Gororau ymysg y rhai olaf ym Mhrydain i gael gwasanaeth dŵr yn eu tai. Dŵr drwy bwmp y pentref a geid yn Pembridge ar lan afon Arrow hyd 1963. Nodwedd gyffredin yn nhrefi a phentrefi'r Gororau ydi bod ganddynt West Street ac East Street a'u bod yn ymestyn ar hyd y lôn o Gymru. Ar y groes heddiw mae hen siop sy'n dipyn o bopeth – groser, becws, siop lysiau, caffi, post, offleisens a lle sy'n derbyn papurau doctor. A heddiw, Dŵr Cymru sy'n eu cyflenwi a hynny yn y ddwy iaith.

Roedd prinder dŵr yn wir am bentre Llanfihangel-yng-Ngwynfa ym Maldwyn hyd ddechrau'r 1970au hyd yn oed. Yr hyn oedd yn eironig am y sefyllfa yno oedd fod y pentref bron dan gysgod cronfa ddŵr sy'n dal 13 miliwn o alwyni. Cronfa Llanwddyn – 'Llyn Efyrnwy' – yw honno sy'n gyrru'r dŵr i Lerpwl, dros 70 milltir i

Argae Llanwddyn

ffwrdd. Hwn oedd yr argae cerrig cyntaf i gael ei godi ym Mhrydain – cymerodd y gwaith 7 mlynedd i fil o weithwyr ac ar y pryd, hon oedd y gronfa ddŵr artiffisial fwyaf yn Ewrop. Boddwyd eglwys, dau gapel, deg fferm a thua 40 o dai eraill.

O lynnoedd Alwen, Brenig, Clywedog, Celyn a chwe chronfa ddŵr Cwm Elan, mae miliynau o alwyni'n llifo dros y ffin i ardaloedd poblog a diwydiannol Glannau Merswy a chanolbarth Lloegr. Rhodd ddwyfol ydi'r glawiad uchel ym mynyddoedd Cymru, medd y trefi mawrion, pan fydd unrhyw awgrym y dylai Cymru gael tâl am yr adnodd naturiol hanfodol hwn. Yng Ngogledd America, ar y llaw arall, mae Montana yn talu doler y metr ciwbig o ddŵr am 'rodd' a ddaw iddynt drwy bibell o Alberta, Canada. Yn 2017, roedd Dŵr Cymru yn codi £1.13 am fetr ciwbig o ddŵr ar eu cwsmeriaid yng Nghymru – ond roedd dinasoedd Lloegr yn dal i'w gael am ddim.

Roedd tarth ar hyd wyneb y gronfa ddŵr y bore hwnnw o Fai roeddwn i yng Nghwm Elan. Gorweddai ar ben wal yr argae ac yn isel ar y llechweddau yn yr haul cynnar gan roi'r argraff mai dyma ben draw'r cwm. Ar lain o dir glas rhwng y ganolfan ymwelwyr a'r argae mae meini'n sefyll a phlac ar bob un. Mae saith ar hugain ohonynt. Rhwng y tarth a'r cysgodion maent yn edrych fel dau dîm rygbi ar ddechrau gêm. Prosiect Mileniwm y sir oedd hwn. Mae enw cymuned yn y sir ar bob un o'r meini. Ar lechfaen arall yn y canol, nodir poblogaeth pob cymuned. Yn y flwyddyn 2000, cyfanswm poblogaeth Maesyfed oedd 24,917.

Doedd ryfedd nad oedd poblogaeth o'r fath yn medru gwneud dim yn erbyn y miliwn a mwy yn ardal Birmingham oedd am foddi'r cymoedd hyn. Ond mae'n rhaid dod yma o hyd, i gyfri'r meini ac i weld yr hyn sydd i'w weld drwy'r tarth a'r cysgodion. Oddi yma mae'r dŵr yn dechrau ar ei daith o 73 milltir i ganol Lloegr. Mae'r chwe chronfa yn dal cyfanswm o 100 miliwn metr sgwâr o ddŵr.

Cyn gadael, gadewch inni daro heibio Glyn Ceiriog. Mae'n nos Wener ar ddechrau Medi, a thymor y gaeaf ar fin dechrau gyda chyfarfod agoriadol Merched y Wawr. Rydan ni yng Nghanolfan Goffa Ceiriog, gyda'i ffenestri lliw a'i hamgueddfa yn deyrnged i'r bardd poblogaidd hwnnw a ganodd am 'Nant y Mynydd' a phynciau hiraethus o'r fath. Mae'r merched yn crynhoi ac maen nhw'n niferus. 'Mi fydd yma rywun o bob teulu yn y dyffryn, gei di weld,' meddai un ohonyn nhw. 'Mae pawb yn cefnogi popeth yn y dyffryn yma. Mae'n gor'od bod felly.'

Unwaith eto, dwi'n rhyfeddu at y gymdeithas hon. Mae'n llythrennol ar ben Clawdd Offa ond mae'i chyfraniad a'i Chymreictod hi mor gadarn. Mae yma addysg Gymraeg, adloniant Cymraeg i'r ifanc yn sesiynau'r Dderwen a chymdeithas a diwylliant Cymraeg traddodiadol. Mae yma fywyd. Daw ysgrifennydd y merched ata i: 'Tyrd iti gael gweld yr amgueddfa newydd cyn iti ddechrau arni.' Caf fynd drwodd i'r estyniad newydd a gweld y casgliad ac mae myrdd o straeon ynghlwm wrth bob crair. Yn eu canol mae map o ddau lyn – dwy gronfa ddŵr, i fod yn fanwl. Map dychmygol o'r Dyffryn Ceiriog hwn ydi o, a luniwyd gan gorfforaeth Warrington yn 1922 pan geisiwyd cael deddf seneddol yn gorfodi'r ardalwyr i symud oddi yno er mwyn iddynt gael eu cronfeydd. Buasai 45 fferm, 37 tŷ a 19 adeilad arall yn diflannu dan ddwy gronfa ddŵr. Pan ddaeth y mesur o flaen y Senedd, cododd Lloyd George ar ei draed a thraethu araith danllyd a deifiol yn erbyn y boddi, ac mae'r cyn-Brif Weinidog yn cael lle parchus iawn yng Nghanolfan Ceiriog o hyd. Methu oherwydd diffyg arian – nid oherwydd cydymdeimlad nac euogrwydd – a wnaeth breuddwyd Warrington.

Yn 2016, derbyniodd Senedd Cymru'r hawl i warchod cymoedd rhag cael eu boddi drwy orchymyn deddfwriaethol o Lundain. Ni ellir boddi cymoedd heb ganiatâd y Cymry bellach. Ond nid yw dadl y tâl am ddŵr wedi'i thrafod heb sôn am gael ei setlo. Yng nghysgod argae concrid uchaf Prydain, 72 metr o wal sy'n cronni Clywedog a'i 50 miliwn metr ciwbig o ddŵr, mae arwyddion haerllug cwmni dŵr o Loegr: *Keep out!*

Ar yr olwg gyntaf, camlas ddiog at ddefnydd twristiaid sy'n llenwi cafn haearn Pontcysyllte erbyn hyn. Ond mae'n cario 11 miliwn galwyn o ddŵr croyw i swydd Gaer yn ddyddiol – defnydd di-dâl o adnoddau Cymru nad yw'n gydnaws â chenhadaeth UNESCO i hyrwyddo heddwch a datrys cymlethdodau hanesyddol wrth ddynodi'r safleoedd treftadaeth hyn ledled y ddaear.

1. Cronfa Cwm Elan; 2. Cronfa Penygarreg; 3. Wrth droed argae Clywedog; 4. Camlas cronfa Llanwddyn yn ailymddangos ger Croesoswallt

Adlais o hen ryfeloedd

Cymraeg yw iaith y cerddi cynharaf a ganwyd am siroedd Caer ac Amwythig. Mae 'Canu Llywarch Hen' a 'Chanu Heledd', fel y'u gelwir, yn gyfresi o gerddi dramatig a diarhebol eu naws sy'n perthyn i'r 9fed ganrif ond yn darlunio colledion y Cymry o flaen y Northymbriaid a gwŷr Mersia yn y 7fed ganrif. Cyflwynir teuluoedd brenhinol y Gororau inni a lleolir y cyfan drwy gynnwys enwau lleoedd ar y gwastadeddau yn y cerddi – afonydd Morlas, Tren a Throdwydd a hen geyrydd y Berth, Caer Ogyrfan a Dinlleu Wrygon.

Mae'r Gororau'n amlwg yn llawer o hen chwedlau'r Cymry hefyd. Wrth chwilio am hen hanes, mae un cymeriad yn mynd i holi creaduriaid hynaf y wlad ac yn eu mysg mae Mwyalchen Cilgwri, Carw Rhedynfre ac Eog Llyn Llyw. Lleolir Llyn Llyw yn ne afon Hafren – Cas-gwent efallai – a nofiai'r eog i fyny'r afon honno at waliau carchar Caerloyw yn ôl y chwedl.

Yn yr Oesoedd Canol, blodeuodd barddoniaeth gaeth y cywyddwyr a gan fod llawer o blastai cyfoethocaf Cymru yn nyffrynnoedd y Gororau, nid yw'n annisgwyl bod llawer iawn o feirdd mwyaf y cyfnod hwnnw yn canu yng ngwlad y ffin: Dafydd ab Edmwnd, Gutun Owain, Guto'r Glyn, Lewys Glyn Cothi a Wiliam Llŷn. Roedd tref Croesoswallt yn arbennig o boblogaidd yn eu mysg – roedd yn rhan o diriogaeth y Gymraeg hyd y 15fed ganrif, wrth gwrs, a chyfeirient ati fel 'Llundain Cymru'.

Mae'n syndod canfod dipyn o ddylanwad y Gymraeg a hanes Cymru ar feirdd Saesneg gwlad y ffin yn ogystal. Er mai am ei gerddi mydryddol hiraethus *A Shropshire Lad* (1896) y cofir A. E. Housman (1859–1936), nid oedd yn frodor o'r sir. Ond trefi a chefn gwlad Amwythig

Yr ochr draw i bont y ffin yn Holt yr oedd Rhedynfre

oedd llwyfan ei delynegion a ddaeth yn arbennig o boblogaidd o gyfnod y Rhyfel Byd Cyntaf ymlaen. Daeth ei ymadrodd 'blue remembered hills', sydd mor nodweddiadol o'r Gororau, i gynrychioli diniweidrwydd maboed ond does dim sinigiaeth na hunandosturi yn llinellau Housman wrth fynegi bod pob harddwch a dewrder wedi'i dynghedu i farw. Roedd yn Gymro ar ochr ei fam ac mae tinc o gystrawen y Gymraeg yn ei fydryddiaeth weithiau ('When I was one-and-twenty'). Canodd i gysylltiadau Cymreig a Seisnig Amwythig yn 'The Welsh Marches' gan deimlo'r cam a wnaed â chenedl ei fam ym mêr ei esgyrn o hyd. Mae'i lwch wedi'i gladdu ym mynwent Llwydlo.

Ar lain o dir glas yng nghefn Abaty Amwythig mae cofeb i gofio'r bardd Wilfred Owen a laddwyd yn y Rhyfel Mawr yn 1918. Dyn ifanc arall, bardd dawnus arall – a'r un hen ryfel sglyfaethus. Mae diwedd ei stori yntau yn un truenus. Ar y 9fed o Dachwedd y flwyddyn honno, roedd dathliadau'r cadoediad wedi dechrau gyda gwledd fawreddog yr Arglwydd Faer yn Llundain yn firi o areithiau buddugoliaethus a bloeddiadau llawen. Am 5 o'r gloch y bore ar yr 11eg o Dachwedd, arwyddwyd y dogfennau swyddogol; am 11 o'r gloch y bore, daeth y tanio i ben. Canwyd clychau'r prif eglwysi yn y prif drefi ar draws y byd. Am hanner dydd union – a chlychau Abaty Amwythig yn dal i ganu'n orfoleddus uwch y dref – daeth gwas â thelegram i gartref Tom a Susan Owen yn Monkmoor Road, sydd reit wrth ymyl yr abaty. Roedd y darn papur, y gwelwyd miliynau o rai tebyg iddo, yn nodi – gyda gofid – fod y Swyddfa Ryfel yn eu hysbysu fod Wilfred eu mab, swyddog yn y Manchester Regiment, wedi'i ladd wrth godi pont pontŵn dros gamlas Sambre, yng ngogledd Ffrainc, ar y 4ydd o Dachwedd.

Mae nifer o'i gerddi yn sôn am bontio

Cofeb Housman ar wal eglwys Llwydlo

at ei gyd-ieuenctid ar ochr arall y frwydr, a'r syniad o bont sydd wedi ysbrydoli'r cerflun 'Symmetry' gan Paul de Monchaux wrth Abaty Amwythig i gofio amdano. Ar y cerflun mae'r dyfyniad 'I am the enemy you killed, my friend'.

Yng Nghroesoswallt mae cofeb arall iddo. Honno oedd ei dref enedigol lle y gwelodd olau dydd gyntaf erioed ar y 18fed o Fawrth 1893. Gweithio ar y rheilffyrdd yr oedd ei dad a symudodd y teulu i ganlyn y gwaith rhwng Amwythig a Birkenhead yn ystod plentyndod Wilfred. Roedd elfen Gymraeg gref yn nhrefi'r Gororau yn y cyfnod hwnnw ac roedd tua 100,000 o Gymry Cymraeg ar Lannau Merswy, meddid. Yn ôl yr hanes roedd Wilfred yn edrych yn debyg i Gymro o ran pryd a gwedd – byr (pum troedfedd, pum modfedd a hanner), tywyll iawn ac roedd dipyn o hwyl a hiraeth y Cymry yn ei natur hefyd. Roedd marchnad wartheg Amwythig yn llawn ffermwyr a phorthmyn o Ddyffryn Ceiriog, Llandegla a Maldwyn a gwyddai o brofiad am oglau'r gwaed a beichio'r anifeiliaid yn lladd-dai ardal Frankwell wrth y Welsh Bridge. Dychwelyd yno a wnaeth yn ei linell enwog 'for these who die as cattle' yn 'Anthem for Doomed Youth'.

Cyfeiriodd y bardd ifanc at y Cymry yn ei waith hefyd. Yn ei gerdd 'Uriconium' i'r hen ddinas Rufeinig yn Wroxeter ar gyrion Amwythig, mae'n cyfeirio at waywffyn yr ymosodwyr 'that pushed the Cymry west'. Nid y gair Sacsonaidd *Welsh*, sy'n golygu 'yr estroniaid', sydd yn ei gerdd ond ein gair ni am bobl sy'n rhannu'r un fro. Mewn llythyr o'r ffrynt yn 1917, wrth sôn bod ei gatrawd yn rhannu cornel gyda chatrawd Gymreig, cawn y geiriau cynnes 'it is pleasant to be among the Welsh'. Yn 1918, mae'n trafod ei ddyheadau fel awdur ar ôl i'r rhyfel ddod i ben a'i uchelgais yw cyfansoddi dramâu mydryddol yn seiliedig ar themâu a chwedlau ei 'hynafiaid Cymreig'. Ie, a dyna gadarnhad o'r hyn a deimlwyd wrth sylwi ar ei gyfenw erioed – sef bod ganddo wreiddiau Cymreig fel un arall o'i hoff feirdd, A. E. Housman, oedd hefyd â chysylltiad cryf iawn â swydd Amwythig a chyda teulu Cymreig ar ochr ei fam.

Roedd Tom, tad Wilfred, yn arddel ei Gymreictod gyda balchder, mae'n debyg. Cafodd hynny ei drosglwyddo i'r mab sy'n sgwario wrth gofio 'my forefathers, the agile Welshmen of the Mountains'. Tybed a gafodd Wilfred Owen fwy na phryd a gwedd a thipyn o gymeriad teulu'i dad?

Nid oes un gair Saesneg sy'n cyfleu 'proest' yn foddhaol – eto mae proestio yn elfen amlwg iawn yng ngwaith y bardd o Groesoswallt. Yna, darllenais fywgraffiad ysgubol Guy Cuthbertson, *Wilfred Owen* (2014), a chanfod fod Tom Owen yn hoffi brolio'n gyson fod ei linach yn ymestyn yn ôl at y Barwn Lewis Owen, siryf Meirionnydd yn oes y Tuduriaid, a thrwy hynny yn ôl i deulu brenhinol yr hen

Bowys. Roedd yr wybodaeth honno, meddai Tom, wedi'i throsglwyddo'n ddiogel a llafar o fab i dad ar hyd y cenedlaethau.

A dyma gofio am un arall oedd yn falch o arddel yr un berthynas yn union. Yn y Babell Lên, fwy nag unwaith, cyfeiriodd Gerallt Lloyd Owen fod gwaed y Barwn Owen yn ei wythiennau. Roedd y Meuryn yn hoff o atgoffa'r beirdd ei fod wedi etifeddu'r ddawn i reoli unrhyw wylliaid anystywallt. Yn ei gartref yn Llandwrog wedi hynny, gwelais ei goeden deulu ysblennydd sy'n dangos sut roedd yr achau yn ei gysylltu'n uniongyrchol â'r hen farwn, ond yn fwy na hynny, yn dirwyn yn ôl drwy genedlaethau o dywysogion nes cyrraedd Llywarch Hen ei hun. Llywarch Hen ... Wilfred Owen ... Gerallt Lloyd Owen ... Pwy feddyliai? Does bosib nad yw'n werth mynd yn ôl at eu cerddi unwaith eto ... Fel y canodd Gerallt yn ei awdl 'Y Ffin': 'Ar hyd erwau diorwel Amwythig / Does ond myth o awel' ...

Y gofeb yng Nghroesoswallt

Gororau'r geiriau

Collodd **Daniel Owen** (1836–1895) ei dad yng nglofa'r Argoed wrth ymyl yr Wyddgrug pan oedd yn ifanc. Daeth yntau yn deiliwr yn yr Wyddgrug ac roedd heb ei ail am fesur pobl – mesur cyrff a mesur cymeriadau. Dechreuodd gofnodi pytiau o hanesion am bobl y dref gan eu hymestyn yn straeon byrion darllenadwy a difyr. Cyn diwedd ei oes, câi ei adnabod fel 'tad y nofel Gymraeg', gyda'i hiwmor a'i sylwgarwch yn ei anwylo ymysg darllenwyr yr iaith. Deil ei nofelau i gael eu haddasu'n gyfresi teledu ac operâu cerdd hyd heddiw. I fyny ac i lawr y Gororau, mae nifer o awduron yn Gymraeg a Saesneg wedi defnyddio hanes a gwrthdaro cythryblus yn sail i'w llenyddiaeth.

Nofelydd disgleiriaf y Mynydd Du yw **Raymond Williams** (1921–1988) a gafodd fagwraeth Gymreig yn y Pandy, yn agos i'r ffin. Roedd yn sosialydd a wrthwynebai ganoli grym yn Llundain bell, gan ei wneud yn gymeradwy gan gefnogwyr sawl plaid yng Nghymru.

Yn *The Fight for Manod*, y cefndir yw bygythiad i greu dinas enfawr mewn ardal wledig Gymreig ar y Gororau, ac mae hynny'n cael ei gymharu â gweithredoedd arferol llywodraeth Llundain, sef cymryd tir Cymru i greu cronfeydd dŵr, fforestydd a meysydd tanio i'r fyddin. Wrth drafod ecsbloetiaeth imperialaidd Llundain o dir, cyfoeth a phobl Cymru, mae ganddo'r frawddeg grafog hon am y llywodraeth Seisnig: 'It will go on using Wales to solve English problems, or it will neglect us altogether.'

Cymro a symudodd i fyw i ardal y Fenni ar ôl yr Ail Ryfel Byd oedd **Alexander Cordell** (1914–1997). Darluniodd hanes gwerin Cymru a'r gwrthdaro gwleidyddol a diwydiannol a fu yng Nghymru'r 18fed a'r 19eg ganrif, mewn nofelau megis *Rape of the Fair Country* (1959), *The Hosts of Rebecca* (1960) a *Song of the Earth* (1969). Cyfunodd hanes a rhamant ynddynt a chafodd ei straeon dramatig a'i gymeriadau cofiadwy ddilyniant helaeth. Aeth ymlaen i gyfansoddi nofelau eraill am werinoedd a ddioddefodd o dan imperialaeth – yn Iwerddon, Ynys Manaw, Tsieina ac yn Rhyfel Cartref Sbaen. Gwnaeth gyfraniad mawr wrth ddod ag elfennau o hanes yn fyw ac emosiynol ac o fewn cyrraedd cynulleidfaoedd eang.

Lleolodd **Mary Webb** (1881–1927) ei

nofelau a llawer o'i barddoniaeth yn swydd Amwythig, ond roedd ei mam yn Gymraes a oedd, meddid, yn un o ddisgynyddion Llywelyn Fawr. Mae'i gwaith yn nodedig am gymeriadau garw, ond llawn bywyd, a disgrifiadau barddonol o fyd natur. Nofelau rhamantaidd i chwaeth yr oes hon, efallai, ond mae rhyw apêl dwfn yn ei defnydd o dafodiaith a choelion swydd Amwythig. Yn *Gone to Earth*, mae lle amlwg i'r delyn draddodiadol sy'n cael ei chanu gan sipsi Cymreig o'r enw Abel Woodus. Byddai Mary Webb a'i gŵr yn tyfu llysiau a blodau ar gyfer eu stondin ym marchnad Amwythig. Wrth gyfarfod â gwerin y farchnad y cafodd ysbrydoliaeth i'w chymeriadau a chasglu deunydd llafar i'w deialog.

Awdur o Ddyffryn Hafren yn nwyrain swydd Henffordd oedd **John Moore** (1907–1967) ac mae'i nofelau'n llawn cymeriadau cofiadwy a gwrthdaro rhwng y byd modern a'r gymdeithas sefydlog, wledig yng nghanol yr 20fed ganrif. Mae cynllun i adeiladu traffordd ar draws y dyffryn, twf cwmnïau a marchnad gydwladol, sythu afonydd, sychu pyllau dolydd, tlodi, diweithdra a rhyfeloedd yn taflu'u cysgodion ar y gymdeithas a'r bywyd cefn gwlad cynhenid ac mae'n ddifyr canfod cymeriadau Cymreig mor aml yn ei waith – postman penstiff; Ianto

1. *Cofeb Daniel Owen yn yr Wyddgrug;*
2. *Amgueddfa Cordell, Blaenafon;*
3. *Cofeb Mary Webb, Amwythig*

Jones, capten llong lo; hen wraig a'i meddyginiaethau llysieuol; criw o ferched a glowyr o Abertyleri yn gweithio yn y cynhaeaf hopys.

Nofelydd Cymraeg oedd yn cyhoeddi tua'r un cyfnod oedd **Islwyn Ffowc Elis** (1924–2004) o Ddyffryn Ceiriog. Byddai John Moore wedi mwynhau *Cysgod y Cryman* (1953) a bleidleiswyd yn nofel Gymraeg fwyaf poblogaidd yr 20fed ganrif. Ffermwr mawr a gweision ffermydd, yr hen geidwadaeth a syniadau comiwnyddol newydd, cyn-filwyr a charcharor rhyfel Almaenaidd, dyhead am barhad yr hen werthoedd a dyffryn yn y Gororau yn gefndir i'r cyfan: dyma ddeunydd ysbrydoliaeth i'r ddau nofelydd fel ei gilydd.

Nofelydd hanesyddol oedd yn ymwybodol iawn o ddolennau Cymreig y Gororau oedd **Edith Pargeter** (1913–1995) o geunant Ironbridge. Roedd ei nain, Emma Ellis, yn Gymraes, ac yn ddiweddarach defnyddiodd y cyfenw hwnnw a'i gyfuno â Peters wrth gyfansoddi cyfres y Brawd Cadfael sydd wedi'i chyfieithu i ugain iaith wahanol. Trwythodd ei hun yn hanes canoloesol Amwythig a'r Gororau, gan ymddiddori'n fawr yng nghymeriadau a breuddwydion tywysogion Gwynedd, yn ei nofelau *The Brothers of Gwynedd* I–IV. Yn ei gwaith gwelwn fod ffin yn gallu golygu man lle mae diwylliannau gwahanol yn cyfarfod, lle y gall amrywiaeth cyfoethog dyfu yn yr un berllan. Eto, mae dealltwriaeth o'r gorffennol ac ystyriaeth o wreiddiau yn gyfraniad hanfodol wrth lunio hunaniaeth y presennol a siapio penderfyniadau'r dyfodol.

Ers dyddiau **Gerallt Gymro** a **George Borrow**, denwyd teithwyr ac ysgrifenwyr i gofnodi'u profiadau yn y Gororau. Cyhoeddodd **Thomas Pennant** (1726–1798), o Chwitffordd, ei *Tours in Wales* yn 1778 ac 1781. Roedd yn naturiaethwr, yn hynafiaethydd, yn studiwr ieithoedd a llên gwerin Geltaidd ac yn gofnodwr dyfal. Roedd ganddo drysor o was, Moses Griffith o Lŷn, oedd yn arlunydd talentog – mae dwy fil o'i luniau yng nghasgliad y Llyfrgell Genedlaethol. Casbeth Thomas Pennant oedd wig ac fe'i cafodd ei hun yn gwledda yng Nghaer gan rannu bwrdd gyda swyddog o'r fyddin oedd yn gwisgo wig un tro. Wedi ychydig o win, fedrai'r awdur ddim dal dim mwy – cododd ar ei draed, bachu'r wig, ei daflu i'r tân a'i goleuo hi drwy'r drws. Gwylltiodd y swyddog, dinoethi'i gleddyf ac erlid

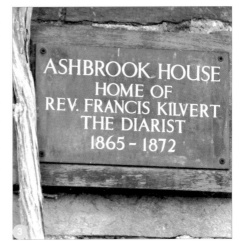

Pennant ar hyd strydoedd cefn canol Caer. Drwy lwc iddo fo – ac i'r byd llyfrau – roedd Pennant yn nabod y dref yn well na'r swyddog.

Cadwodd **Robert Francis Kilvert** (1840–1879) ddyddiadur difyr a dadlennol am fywyd gwerin bobl ei blwyf o 1870 ymlaen. Dechreuodd ar y dyddiadur ym mhlwyf Cleirwy, Maesyfed pan ddaeth yn giwrad yno – dyna'r unig blwyf yn y sir y gellid ei alw'n blwyf Cymraeg erbyn diwedd y 19eg ganrif yn ôl Kilvert.

1. Cofeb Thomas Pennant yn Chwitffordd;
2. Llun Kilvert yn eglwys Cleirwy;
3. Cleirwy

Yn fwy na dim, cawn gip ar y Gymru werinol cyn dylanwad piwritaniaeth yn y dyddiaduron a gyhoeddwyd 60 mlynedd ar ôl ei farwolaeth. Doedd y capeli ddim wedi cael cymaint o ddylanwad ar y gymdeithas ar y Gororau ag yng ngweddill Cymru. Mae hen arferion a hen goelion yn dal eu tir a cheir cymysgedd o gymeriadau oedd ar un adeg yn perthyn i ddwy genedl wahanol oedd yng ngyddfau'i gilydd. Drwy'r cyfan, roedd pobl yn bwysig iddo. Roedd yn gymeriad tosturiol gyda chalon fawr, a gwelir y lle cynnes oedd iddo yn y plwyf yn y dyrfa a gasglodd ynghyd i'w hebrwng pan oedd yn gadael. Roedd dagrau ar bob boch.

Yn Chwefror 1870, mae Kilvert yn disgrifio pwl eithriadol o oer yn nannedd gwynt y dwyrain yng Nghleirwy. Bu'n rhaid torri iâ ar ddŵr y bedyddfaen er mwyn bedyddio babi. Erbyn iddo gerdded i'r eglwys roedd cymaint o rew yn ei fwstásh fel na fedrai prin agor ei geg ac roedd ei locsyn wedi rhewi i'w gôt fawr. Clywn am gymeriadau oedd yn gwisgo'u capiau tu-ôl-ymlaen ar y ffordd i'r farchnad, rhag iddynt gael eu denu i gylch dawnsio'r tylwyth teg. Yn Rhos-goch, adroddodd, roedd y melinydd yn cysgu yng nghafn y blawd ac yn clywed y tylwyth teg yn dawnsio i'r ffidil ar lawr y felin.

Pan holwyd y ciwrad pam ei fod yn cadw dyddiadur, efallai iddo gyflwyno'r ateb perffaith – 'life appears to me such a curious and wonderful thing ...' Yn anffodus, dim ond detholiad o'i ddyddiaduron a gadwyd ac a welodd olau dydd.

Hanesydd gwerin oedd **Francis G. Payne** (1900-1992) ac ef oedd awdur y cyfrolau rhagorol ar grwydro Maesyfed. Cyflwynodd brofiadau gwerthfawr am barhad y Gymraeg yng ngwlad y ffin. Syndod i rai oedd deall mai cyfrannu at Seisnigeiddio'r sir wnaeth dyfodiad Anghydffurfiaeth yno tra bod yr hen eglwysi yn cadw'u Cymreictod. Mae'n cyfeirio at wasanaeth plygain uniaith Gymraeg yn eglwys Glasgwm tua 1850. Dod at Glawdd Offa o'r dwyrain a roddai gysur i Francis Payne wrth ddychwelyd i'w hen Faesyfed, gan gael ei galonogi wrth glywed mwy a mwy o Gymreictod yn ei groesawu bob milltir o'r daith. O'r gorllewin y deuwn i at y Clawdd ar gyfer teithiau'r gyfrol hon, ond y rhyfeddod a'r cynhesrwydd a deimlais i oedd sylweddoli cyn belled yr oedd ein Cymreictod yn ymestyn i'r dwyrain ohono.

Gwlad y silffoedd llyfrau

Trysorfa lenyddol hynaf y Gororau yw'r llyfrgell gadwynog yng nghadeirlan Henffordd. Mae yno 229 o lawysgrifau cynnar, gan gynnwys llyfr Efengylau Henffordd o'r 8fed ganrif. Roedd y system o gadwyno llyfrau yn arferol ac yn effeithiol drwy Ewrop o'r Oesoedd Canol hyd y 18fed ganrif a hon yw'r enghraifft orau sydd wedi goroesi, gyda'i chadwyni, ei ffyn a'i chloeon yn gyflawn. Mae'r lleoliad yn addas oherwydd mae canrifoedd o draddodiad o drysori llawysgrifau yng ngwlad y Gororau.

Yng nghofrestrau tref Amwythig 1219–20, rhestrir *parcaminarius* (gwerthwr memrynau), *miniator* (goleuwr), *pictor* (peintiwr) a *scriptor* (sgwennwr/copïwr). Yn ystod y 13eg a'r 14eg ganrif roedd Amwythig yn ganolfan i fasnach memrynau, sef llyfrau'r cyfnod hwnnw.

Roedd llys Hergest yn ganolfan i ddiwylliant Cymreig ar hyd y 15fed ganrif. Yma y cadwyd Llyfr Gwyn Hergest a gollwyd mewn tân yn 1808. Yn ffodus, goroesodd Llyfr Coch Hergest ac mae bellach yng ngofal Llyfrgell Bodleian, Rhydychen. Cafodd ei addasu i Gymraeg cyfoes ac o'r copi hwnnw y cyfieithodd Lady Charlotte Guest y Mabinogi i'r Saesneg yn y 19eg ganrif.

Yn eglwys Ceintun, mae corffddelwau o Elen a Thomas Vaughan, llys Hergest, yn gorwedd ochr yn ochr yn heddychlon mewn maen gwyn (alabastr). Ganwyd Thomas yn 1400 a chafodd y glasenw 'Black Vaughan' oherwydd ei bryd tywyll,

Llyfrgell gadwynog Henffordd

a hefyd efallai, ei natur fygythiol. Priododd ag Elen Gethin o Lanbister, Maesyfed ac roedd hithau'n wraig danllyd. Roedd yn warchodol iawn o'i brawd iau, Dafydd, a daeth ag ef i fyw ati i lys Hergest. Ond yn 1430, cwerylodd hwnnw â'i gefnder Siôn Hir, oherwydd ewyllys. Noethwyd cleddyfau a lladdwyd Dafydd. Gwisgodd Elen ddillad dyn ac aeth i gystadlu mewn twrnament bwa saeth yn Llanddewi Ystradenni, gan osod sialens i Siôn Hir. Saethodd hwnnw ganol y targed. Pan ddaeth tro Elen, trodd ei bwa a saethu lladdwr ei brawd drwy'i galon.

Am flynyddoedd, bu marchog tywyll ar geffyl du yn aflonyddu ardal Ceintun. 'Black Vaughan' oedd hwnnw yn ôl coel leol – yn dychwelyd o frwydr Banbury yn 1469 ar ôl iddo gael ei ddienyddio gan y Lancastriaid. Daeth deuddeg offeiriad ynghyd i Hergest a marcio cylch ar y dywarchen, sefyll ynddo a darllen llyfrau yng ngolau deuddeg cannwyll a gweddïo. Ymddangosodd ysbryd Thomas Vaughan gan chwythu pob cannwyll ond un a guddiwyd gan offeiriad eiddil, hefyd o'r enw Vaughan, yn ei esgid uchel. Yn raddol lleihaodd yr ysbryd nes ei fod yn ddigon pitw i'w ddal mewn bocs sniffin. Claddwyd y bocs dan faen mawr ym mhwll Hergest.

Ond o dro i dro, bob tro y byddai aelod o deulu'r Vaughaniaid yn marw, gwelid Ci Mawr Du Hergest yn y cyffiniau.

Roedd y Vaughaniaid yn perthyn i'r teulu Baskerville yng Nghleirwy – oedd hefyd yn perthyn i'r teulu Doyle. Bu Arthur Conan Doyle yn aros gyda'i deulu yno a chlywodd am anturiaethau'r Ci Mawr Du. Newidiodd ei enw a'i symud i darfu ar heddwch rhostir Dartmoor a dyna sut y daeth *The Hounds of the Baskerville* i fodolaeth.

Nid Hergest oedd unig lys y llawysgrifau yn y wlad hon chwaith. Pentref rhwng Rhaglan a Threfynwy yw Dingestow ac mae llawysgrif Brut Dingestow, sef fersiwn cynnar o Frut y Brenhinedd, yn un o drysorau'r Llyfrgell Genedlaethol erbyn hyn. Wrth ymyl Cegidfa, i'r gogledd o'r Trallwng, mae plas y Trawsgoed. Trosglwyddwyd casgliad o dri chant o lawysgrifau ddechrau'r 20fed ganrif i Lyfrgell Genedlaethol Cymru o'r plasty hwn.

Canfuwyd copi cynnar o Lyfr Llandaf, llawysgrif werthfawr o ddechrau'r 12fed ganrif, ym Mhlas Gwysane ger yr Wyddgrug. Dyma un o nifer o lawysgrifau prin, Cymraeg sydd wedi'u diogelu mewn tai a phlastai ar hyd y ffin. Efallai mai

1. Llys Hergest; 2. Y dafarn yng Nghleirwy

cyfoeth naturiol y rhan honno o Gymru oedd yn golygu bod gan yr uchelwyr hynny y modd i'w fuddsoddi yn y fath drysorau. Neu efallai, yno ar y clawdd ieithyddol, eu bod yn fwy ymwybodol na phrin neb arall o'r pwysigrwydd o sicrhau clawdd o lawysgrifau a llyfrau i ddiogelu treftadaeth y Gymraeg.

Un o Lanbedr Castell-paen oedd William Probert a fu farw'n un o genhedlaeth olaf Cymry Cymraeg y plwyf yn 1870. Yn ystod ei oes cyhoeddodd gyfieithiadau o'r Gododdin, y Trioedd a Chyfraith Hywel Dda ac mae'i lawysgrif ar ramadeg Cymraeg, cerdd dant a cherdd dafod yn un o drysorau'r Llyfrgell Genedlaethol. Roedd ynddo ddyhead amlwg i gasglu a thrysori cyn i bethau gael eu colli.

Dramor yr argraffwyd y llyfrau Cymraeg cyntaf – ym Milan, Liège, Llundain a Rhydychen, ond erbyn diwedd yr 17eg ganrif tyfodd Amwythig yn ganolfan argraffu Cymraeg. Fyth ers pan gyhoeddwyd cyfrol John Price o Aberhonddu, *Yn y llyvyr hwn*, yn 1546 – sef y llyfr Cymraeg cyntaf i gael ei argraffu a hynny ar wasg Edward Whitchurch,

Llundain – sefydlwyd patrwm o argraffu llyfrau cynnar y Gymraeg y tu hwnt i Glawdd Offa. Mater o orfodaeth oedd hyn gyda'r awdurdodau yn Llundain, Rhydychen a Chaergrawnt yn awyddus i gadw rheolaeth dynn dros y dechnoleg newydd. Ni thrwyddedid argraffu y tu allan i'r dinasoedd hynny.

Teiliwr o ardal Corwen, oedd wedi arfer ei grefft am gyfnod yn Amwythig, oedd Thomas Jones. Aeth yn ei flaen i Lundain ac yng nghanol y 1670au, trodd o deilwra i gyhoeddi a gwerthu llyfrau a chyhoeddiadau eraill. Yn 1679, cafodd ganiatâd drwy warant frenhinol i sgwennu, argraffu a gwerthu almanac Cymraeg. Bu wrth y gwaith hwnnw yn flynyddol hyd 1712. Yn 1695, llaciwyd amodau caeth y deddfau argraffu. Manteisiodd Thomas Jones ar y cyfle hwnnw ar unwaith gan symud ei fusnes yn nes at ei gynulleidfa yng Nghymru. Erbyn y gaeaf hwnnw, roedd wedi prynu gwasg ac wedi ei sefydlu yn Hill's Lane, Amwythig.

Roedd y cyfnod yn un llewyrchus i'r wasg Gymraeg. Rhwng 1546 ac 1660, cyhoeddwyd 108 o lyfrau Cymraeg. Ond rhwng 1660 ac 1730, cyhoeddwyd 545 o lyfrau Cymraeg, yn ogystal â llu o gyhoeddiadau eraill fel baledi ffair, almanaciau a charolau plygain. O drefi fel Amwythig, byddai porthmyn, milwyr, crefftwyr crwydrol a masnachwyr eraill yn dod â phecynnau o lyfrau a phamffledi yn ôl i'w hardaloedd i'w gwerthu.

Nid oedd yr un wasg yn brysurach nag un Thomas Jones, Amwythig. Crynhowyd ei yrfa gan Geraint H. Jenkins yn *Thomas Jones yr Almanaciwr, 1648–1713*:

> Un o'r cymeriadau mwyaf lliwgar a diwyd a fu yn hanes Cymru – Thomas Jones yr almanaciwr (1648–1713). Gŵr o amrywiol ddoniau ydoedd: argraffwr, cyhoeddwr, sêr-ddewinydd, awdur, almanaciwr, crachfeddyg a bardd. Torrodd ei gŵys ei hun mewn sawl maes: ef oedd y cyntaf i sefydlu gwasg yn Amwythig; y cyntaf erioed i ennill bywoliaeth trwy gyhoeddi a gwerthu llyfrau Cymraeg; y cyntaf i gyhoeddi almanac printiedig Cymraeg; y cyntaf i gyhoeddi newyddiadur Cymraeg, a'r cyntaf i gyhoeddi newyddiadur Saesneg yn Amwythig.

Er mai Amwythig oedd cartref busnes Thomas Jones ac er bod gwerthu'i gyhoeddiadau ar stondinau yn ffeiriau Caer a Bryste yn bwysig iddo, twf y trefi marchnad yng Nghymru oedd yn allweddol i'w lwyddiant. Gyda'i rwydwaith o deithwyr masnachol oedd yn galw yn Amwythig, gallai gael ei stoc i siopau groser, cigyddion, haearnwyr ac ati yn nhrefi Cymru. Ar y cownteri hynny y gwerthid cynnyrch gwasg Amwythig.

Roedd corff sylweddol o ddarllenwyr Cymraeg ar gael erbyn diwedd oes Thomas Jones, er bod llawer yng Nghymru yn anllythrennog o hyd, wrth gwrs. Hybai Thomas Jones lythrennedd drwy argraffu'r wyddor Gymraeg yn ei almanaciau a'i lyfrau. At yr anfreintiedig a'r annysgedig yr anelai ei lyfrau. Bu farw ar 6 Awst 1713 ac fe'i claddwyd yn eglwys y Santes Fair, Amwythig.

Dilynwyd Thomas Jones gan genhedlaeth arall o argraffwyr Cymreig yn y dref honno – Thomas Durston, Siôn Rhydderch, Richard Lathrop, Evan Thomas a Stafford Prys. Mewn oes pan oedd hi'n anodd cael gafael ar bapur, inc, teip a pheiriannau, roedd y rhain i gyd yn arloeswyr dygn a phenderfynol. Cyhoeddodd Thomas Durston o leiaf 56 llyfr yn ei weithdy ar Pride Hill, ac roedd yn dal i hysbysebu ei lyfrau mewn almanaciau yn 1767 pan oedd yn tynnu at ei bedwar ugain.

Gwasg gynnar yn amgueddfa Cas-gwent

Ymledodd y grefft i drefi eraill ar y Gororau ac unwaith eto, roedd y Cymry a chyhoeddi yn y Gymraeg yn amlwg iawn yn y rheiny yn ogystal. Roedd William Edwards yn argraffu llyfrau yng Nghroesoswallt ac R. B. Jones yn Whitchurch yn niwedd y 18fed ganrif, ac argraffydd o'r enw John Griffith wrth ei waith yn Nhrefesgob tua 1810.

Cyhoeddwyd nifer o lyfrau Cymraeg yng Nghaer o 1728 ymlaen, ac yn 1818 cafodd y Parch. John Parry, gweinidog y Methodistiaid Cymraeg yng Nghaer, afael ar argraffwasg. Yn fuan roedd yn argraffu'r *Goleuad* a'r *Drysorfa*, cyfnodolion ei enwad, yn ogystal â chyhoeddiadau crefyddol a gramadeg Cymraeg.

Y datblygiad nesaf oedd bod rhai o'r argraffwyr o drefi'r Gororau yn mentro'n ôl i Gymru gyda'u crefft. Gŵr o Faldwyn oedd Siôn Rhydderch, a fu'n argraffydd yn Amwythig rhwng 1715 ac 1728. Erbyn 1731, cyrhaeddodd Lannerch-y-medd lle bu'n paratoi i sefydlu gwasg a siop lyfrau gyda Lewis Morris, yr hynaf a'r amlycaf o Forrisiaid Môn. Erbyn 1733, cyrhaeddodd dref Caerfyrddin a oedd yn ganolbwynt cynnar i'r byd cyhoeddi Cymraeg yng Nghymru.

Eto, parhaodd y cysylltiad cryf gyda threfi'r Gororau. Nicholas Thomas oedd perchennog yr ail wasg i'w sefydlu yng Nghymru a hynny yng Nghaerfyrddin yn 1721, ond roedd ganddo gangen o'i waith argraffu yn Henffordd yn 1734–5 gan fod rhai o'i gyhoeddiadau wedi'u hargraffu yno pan oedd yn gweithio ar wasg Simon Thomas yn Henffordd.

Un arall o drysorau llenyddol y Gororau ydi llyfrgell Gladstone ym Mhenarlâg. Roedd yr hen Brif Weinidog yn un garw am ei gyfrolau ac yn credu mewn casgliadau cyhoeddus. Traddododd araith ddiflewyn-ar-dafod yn Eisteddfod Genedlaethol yr Wyddgrug 1873 yn

Cerflun Gladstone o flaen Llyfrgell Penarlâg

cyhoeddi y dylai Cymru gael ei Llyfrgell Genedlaethol ei hun, gan esgor ar fudiad a fu'n ymgyrchu'n ddiflino nes cafwyd y maen i'r wal yn 1907. Sefydlodd Gladstone Lyfrgell Deiniol Sant, Penarlâg gyda £40,000 o'i arian ei hun yn 1889. Cartrefodd yn y castell yno a byddai'n powlio berfâd ar ôl berfâd o 30,000 o'i lyfrau o'i gasgliad ei hun ar hyd y chwarter milltir o'r castell i'r llyfrgell newydd. Roedd yn 80 oed ar y pryd! Mae 200,000 o lyfrau yno bellach ac mae'n llyfrgell unigryw – yr aelodaeth yn rhad ac am ddim ond mae modd talu i fod yn 'Gyfaill' a

chael breintiau ychwanegol. Mae'n sefydliad hollol annibynnol sy'n costio £2,000 y dydd i'w redeg ac eto'n medru cynnig rhaglen lawn o weithgareddau a chyfle i fod yn Sgwennwr Preswyl (os oes gan rywun raglen waith radical).

Y Gelli Gandryll oedd y 'dref lyfrau' gyntaf yn y byd – mae trigain o rai eraill erbyn hyn. Mae rhyw ddau ddwsin o siopau llyfrau yno o hyd, gan arbenigo ar lyfrau ail-law. Richard Booth, 'brenin' y dref a llyfrgarwr o fri, fu'r ysbrydoliaeth y tu ôl i'r weledigaeth hon a fu'n gyfrifol am drawsnewid yr economi leol.

Ers 1988, mae Gŵyl y Gelli wedi cynnal rhaglen o ddigwyddiadau llenyddol yn gymysg â thipyn o liw a miri ym mhrifddinas y llyfrau, y Gelli Gandryll. Mae bellach yn ŵyl ryngwladol dros ddeg diwrnod yn niwedd Mai a dechrau Mehefin, lle gall cynulleidfaoedd gyfarfod eu hoff awduron a mwynhau gweithdai a pherfformiadau amrywiol. Mae mynediad i'r Maes – cae wrth y dref – am ddim a thâl yn cael ei godi yn ôl y sesiwn yn y pafiliynau. Mae digon o gomedi, cerddoriaeth a chynnyrch lleol i'w blasu yno hefyd, yn ogystal â chyfle i roi tro o amgylch siopau llyfrau hynod y dref.

Hamdden i ddarllen, Gŵyl y Gelli

Hen farchnadoedd newydd

Yn 1855, adeiladwyd Neuadd y Dref newydd ar gyfer Llanllieni yr oes fodern honno. Roedd yn adeilad mewn arddull Eidalaidd. Tynnwyd yr hen un i lawr – nid oedd yn ddim ond adeilad traddodiadol du a gwyn o dderw lleol, bangorwaith a chalch, wedi'i godi yn 1633 gan y saer, y cerfiwr a'r pensaer John Abel a gyfrannodd gymaint at harddwch nifer o drefi a phentrefi swydd Henffordd. Marchnad fenyn agored oedd y llawr isaf gyda phileri derw'n cynnal llofft oedd yn swyddfa weinyddol i'r dref a'r farchnad. Gwerthwyd y fframiau derw am £95 a buont yn gorwedd mewn cornel cae am gyfnod cyn cael eu codi yn y diwedd ar gyfer creu tŷ preifat mewn parcdir wrth ymyl eglwys y dref. Llenwyd arcediau'r farchnad ar y llawr isaf i greu waliau i'r cartref. Unwaith eto, daeth y cerfio cain i olwg y cyhoedd ynghyd â'r arysgrif gerfiedig – yn rhannol yn Saesneg, yn rhannol yn Lladin – sy'n ymestyn o amgylch yr holl adeilad. Yn y diwedd, sylweddolwyd gwerth yr adeilad cynhenid. Yn 1939, prynwyd yr adeilad yn ôl gan Gyngor y Dref am swm llawer uwch nag a dderbyniodd y cyn-aelodau cibddall blaenorol. Ei enw bellach yw Grange Court a dyma ganolfan weinyddol y Cyngor heddiw, gyda chaffi a stafelloedd cyfarfod cain wedi'u taro arni erbyn hyn. Mae'r hen adeilad wedi cael bywyd newydd (yng nghanol gerddi braf), ac mae'n ychwanegu at atyniadau'r dref.

Yn y Rhosan-ar-Wy, cafodd un arall o greadigaethau John Abel fwy o barch. Ei bensaernïaeth ef yw'r Neuadd Farchnad a godwyd yn 1650–51 o dywodfaen goch leol ym mhen uchaf heol y farchnad. Dyma'r unig neuadd drefol o feini sydd wedi goroesi yn swydd Henffordd ac mae'r farchnad yn dal i lenwi'r gofod traddodiadol rhwng y pileri agored bob dydd Iau. I fyny'r grisiau, sydd wedi cadw ambell biler derw cerfiedig o'r hen ddyddiau, mae oriel i gelf a chrefftau lleol bellach – Made in Ross. Mae gan y Rhosan hawl i gynnal marchnad ers 1138, ac mae hon yn dref a welodd werth yn ei threftadaeth ers 350 o flynyddoedd o leiaf.

Yr ochr uchaf i'r Neuadd mae hen siop John Kyrle (1637–1724). Astudiodd y gyfraith yn Rhydychen ond ni ddilynodd yrfa fel cyfreithiwr. Etifeddodd yr adeilad yn y 1650au a bu'n byw yn hen lanc ar incwm stad ei rieni. Treuliodd ei amser yn gwneud gwaith elusennol a gwirfoddol dros y dref a'i phobl. Gwariodd ei gyfoeth i gyd ar gynlluniau fel dod â dŵr glân i'r dref, ysbyty, ysgol – a setlai bob anghydfod yn ddi-dâl! Bob bore Sadwrn, byddai tlodion y plwyf yn ymgasglu yn Neuadd y Farchnad i dderbyn bara ganddo. Gofalai roi arian i adfer yr eglwys ac adeiladau eraill nodedig. Creodd barc a gerddi i'r dref, a chyflenwad o ddŵr glân. Roedd yn frenhinwr selog ac ef sy'n gyfrifol am roi pen ac ysgwyddau Siarl II ar dalcen y Neuadd. Gallai weld hwnnw o ffenest ei lofft gan ategu'r slogan sy'n cael ei dynodi gan y llythrennau FC ar y plac: 'Faithful to Charles in heart'. Mae'r teitl a roddwyd iddo, 'The Man of Ross', yn gyfystyr â phob balchder treftadaeth a nawdd i ddiwylliant cynhenid a geir yn y dref heddiw. Pan fu John Kyrle farw yn 1724, nid oedd ganddo geiniog i'w enw. Ond nid oedd mewn dyled chwaith. Dywedir bod pawb yn y dref wedi dod i'w angladd. Gwyddent eu bod mewn dyled i John.

Adferwyd yr hen Farchnad Gaws agored yn y Gelli Gandryll (a godwyd yn 1840) gan osod byrddau treftadaeth ar y waliau a'i gadw'n lle ar gyfer digwyddiadau arbennig, a throwyd ystafelloedd Neuadd y Dref uwchben yn fflat ar rent. Ychydig yn uwch i fyny'r ffordd mae'r Farchnad Fenyn yn cynnal amrywiaeth mawr o ffeiriau cynnyrch lleol, crefftau a hen bethau. Lle bynnag yr awn ni ar hyd y Gororau erbyn hyn, mae'r hen adeiladau hyn yn cael eu parchu a'u hadfer, ac mae ymgais i'w gwneud yn ddefnyddiol, yn rhan o fywyd y dref o hyd.

Doedd hi ddim felly bob amser, wrth gwrs. Aeth ambell adeilad yn lludw. Codwyd marchnad newydd i dref Amwythig yn y 1960au, ond roedd yr 'hen farchnad newydd' Fictoraidd a'i fframiau haearn bwrw yn werth ei gweld, mae'n debyg. Mae un debyg i honno yn yr High Town yn Henffordd ond cyn iddi gael ei chodi, chwalwyd clamp o neuadd farchnad Duduraidd o ganol y sgwâr. Roedd yn adlewyrchu statws y farchnad oedd yn denu prynwyr a gwerthwyr o'r ochr draw i'r ffiniau o Gymru a swydd Gaerwrangon. Ar y lloriau uchaf roedd neuaddau i swyddogion ac urddau crefftwyr y dref. Oddi tanynt, rhwng 27 o bileri cynnal, cynhelid y farchnad fenyn ac wyau.

Mae posib cael argraff o urddas yr hen adeilad o Oes Elizabeth mewn lluniau sy'n cael eu dangos o hyd yn amgueddfa'r Old Black and White House ym mhen dwyreiniol High Town. Er bod dipyn o drwsio wedi bod ar yr adeilad, erbyn 1770 dyfarnwyd bod pwysau'r lloriau uchaf yn rhy drwm a pheryglus a thynnwyd hwy i lawr. 'Moderneiddiwyd' y pileri drwy eu gorchuddio gyda phlastar gwyn. Yn y 1850au, symudwyd y farchnad anifeiliaid o'r strydoedd gan greu marchnad stoc bwrpasol ar gyrion y dref, codwyd marchnad fenyn newydd, sydd i'w gweld o hyd, ac yna cliriwyd gweddillion yr hen neuadd farchnad o ganol High Town i greu mwy o le i stondinau. Yn ei dro, dymchwelwyd hen adeilad y farchnad ffrwythau, wyau a ieir ar ochr ogleddol New Market Street yn 1969 er mwyn creu rowndabowt.

Amgueddfa'r Old Black and White House

Mae problemau datblygu a moderneiddio marchnad a chadw cymeriad a threftadaeth yn creu tyndra parhaus, wrth gwrs. Bydd bron hanner miliwn o anifeiliaid yn mynd drwy'r farchnad stoc yn Henffordd yn flynyddol erbyn hyn, ond mae'r ffyrdd yn dagfa o draffig yn aml er bod y rheiny wedi'u lledu ar draul nifer o adeiladau gwerthfawr. Mae'r hen gastell Normanaidd wedi diflannu o Henffordd, hyd yn oed. Dymchwelwyd hwnnw yn 1600 a chwalwyd yr hen domen i greu Castle Green. Yng nghanol y tir glas codwyd piler i gofio Nelson yn 1809, gan anghofio mai machlud yw hanes pob ymerodraeth newydd hefyd. O leiaf, ni fydd yn rhaid tynnu cerflun o Nelson i lawr o ben y golofn – doedd dim digon o arian yn y coffrau i greu un ar gyfer yr hen lynghesydd.

Ond gweld gwerth, adfer, creu defnydd newydd – dyna'r argraff a geir wrth edrych ar hen farchnadoedd trefi'r Gororau. O Gasnewydd i Gaer, mae adeiladau 'marchnad y dref' yn dal i gyfri. Mae prysurdeb a phwysigrwydd i'r mannau cyfarfod hyn o hyd. Mae'r cysylltiad oesol rhwng swyddogion y dref a'r farchnad yn cael ei ddadlennu yn y bensaernïaeth yn

aml, gan eu bod naill ai'n rhannu'r un adeilad fel yn y Trallwng, neu ochr yn ochr â'i gilydd fel yng Ngheintun. Codwyd Neuadd Farchnad newydd yn Nhrefynwy yn 1840, gyda lladd-dai o dan y stryd a wyneb o bileri clasurol ar ei blaen. Difethwyd hi gan dân yn 1963 ond cafodd ei hailgodi'n amgueddfa a swyddfeydd i swyddogion y dref, gan gadw'r wyneb gwreiddiol.

O bob neuadd sydd wedi'i chadw a'i haddasu, efallai mai'r un yn Amwythig yw'r fwyaf trawiadol. Mae'r lle agored ar bileri ar lawr sgwâr y farchnad wedi'i gadw fel y bu erioed. Gosodwyd grisiau modern a lifft taclus i gyrraedd y llawr cyntaf, lle mae caffi braf a chyfle i fwynhau'r bensaernïaeth a'r hanes a busnesa drwy'r ffenestri yn hynt a helynt yr hyn sy'n digwydd ar y palmentydd. Ym mhen arall y llawr cyntaf mae sinema. Y tu allan, mae'r cloc – fel ar bob un neuadd farchnad – yn dweud bod amser yn dal i gerdded yn ei flaen ond nad oes angen taflu popeth sydd o werth o'r neilltu.

Cymunedau cyfoethog

Pentref glofaol o 15,000 o bobl yn y gogledd-ddwyrain ydi Rhosllannerchrugog. Mae Raymond Edwards, a fagwyd yno ac a ddaeth yn brifathro Coleg Cerdd a Drama Cymru yn ddiweddarach, yn cyfleu natur y bobl fel hyn:

Bendithiwyd y dynion, fel y rhan fwyaf o lowyr Cymreig, â lleisiau ardderchog. Mae'r gwaith, rwy'n siŵr, yn gymorth i'r llais – llafurio dan ddaear, anadlu'n

Stiwt y Glowyr, Rhosllannerchrugog

ddwfn, lledu'r ffroenau, ogof o geg, brest chwyddedig, gwregys am y wasg, pwysau ar y perfedd, y siambrau gwynt yn megino – mae'r hyn sy'n dod yn naturiol i lowyr yn dechneg sy'n gofyn am hyfforddiant arbennig i actor neu ganwr ...

Gweithio'n galed a mwynhau'n galed oedd eu pethau nhw. Pobl bentrefol gyda chwaeth ddinesig oeddent. Mwynhaent chwaraeon, a cherddoriaeth a drama yn arbennig ... Roedd y celfyddydau cyhoeddus hyn yn creu undod cymdeithasol, gan fod yno ddau gôr mawr – cymysg a meibion – cwmni opera, cerddorfa a chwmni drama.

Yn rhan o'r gymuned lwythol hon, roeddem yn dysgu gororesi mewn tyrfa yn gynnar yn ein bywydau. Roedd y rhan fwyaf o'r pethau a wnaem yn cael eu gwneud ar y cyd, yn grwpiau mawr, ac ychydig o hamddena ar ein pennau ein hunain a wnaem.

[*Clwyd Anthology*, t. 56]

Ledled y Gororau, mae'r ysbryd cymunedol yn cael ei ddarlunio mewn pobl yn ogystal â sefydliadau.

Caer o fiwrocratiaeth, militariaeth a

chyfraith ac addysg brifysgol sydd o amgylch gweddillion castell Normanaidd dinas Caer erbyn heddiw. Mae arwyddion 'Strictly no entry' a 'No access' wedi rhedeg i had yno. Mae giatiau dan gadwynau a ffensys dur rownd pob cornel. Pan chwalwyd llawer o'r olion yn y cyfnod Sioraidd i wneud y llecyn yn ganolfan ddinesig, yn cynnwys Llys y Goron, swyddfeydd i'r Cheshire Regiment a Phrifysgol Caer, doedd y ffasiwn beth â thwristiaeth ddiwylliannol ddim wedi croesi meddyliau arweinwyr y ddinas. Crëwyd pensaernïaeth siwdo-Roegaidd oedd i fod i roi statws i swyddi'r gweision,

Y Blue Bell yng Nghaer

siŵr o fod, ond mae'r cyfan yn edrych fel gweddillion hen ymerodraeth sydd wedi mynd â'i phen iddi erbyn hyn. Gellir cael mynediad arbennig drwy fynd ar 'deithiau cyfrinachol' o'r swyddfa dwristiaeth ar rai adegau penodol, ond mae'r hyn sydd i'w weld yn gorachod bach dan gysgod y swyddfeydd uchel. Oddi ar ganllaw Pont Grosvenor neu wal y ddinas y ceir yr olygfa orau o fwâu tywodfaen lle'r arferai'r castell sefyll ar gopa'i domen las.

Mae baddonau Rhufeinig Caer, a'u lloriau mosaic hyfryd, bellach dan faes parcio concrid pedwar llawr a godwyd yn 1964. Erbyn canol yr 20fed ganrif, roedd llawer o drigolion y ddinas wedi cael digon o weld eu dinas yn cael ei chwalu gan 'ddatblygwyr'. Daeth y frwydr i'w huchafbwynt yn 1960 pan fygythiwyd dymchwel hen dafarn y Blue Bell yn Northgate Street (oedd yn dal trwydded ers 1494) er mwyn lledu'r ffordd. Ffurfiwyd y Chester Civic Trust ac achubwyd y dafarn. Ers hynny, bu dylanwad yr ymddiriedolaeth honno yn fawr a daeth cadw ddoe yn rhan o gymeriad yfory yn rhan o hanfod y ddinas. Er bod nifer o'r pyrth wedi'u colli, adferwyd muriau'r ddinas ac mae'n cynnig tro braf ac amrywiol o amgylch yr hen hanes.

Mae nifer o hen eglwysi ar y Gororau wedi cael llonydd oherwydd na chynyddodd y boblogaeth dros y canrifoedd, gan olygu nad oedd galw am 'foderneiddio' nac ehangu'r adeiladau. Nodwedd gyffredin yn amryw ohonynt ydi sgrin a chroglofft i'r côr a'r cerddorion sy'n rhan o gymeriad eglwysi cynnar Cymreig. Mae'r sgrin yn Llanellyw ger Talgarth wedi'i phaentio â rhosod gwyn – yn ôl yr hanes, mae hyn yn mynd yn ôl i gyfnod Rhyfel y Rhosynnau a châi lliwiau'r rhosod eu cyfnewid o goch i wyn yn ôl pa fyddin oedd yn y cyffiniau ar y pryd.

Mae gan y Neuadd Fwyd ar gyrion Llwydlo ei gerddi ei hunan hefyd. Mae'r tai marchnad traddodiadol nodweddiadol o'r Gororau yn y dref o hyd, ond mae'r Neuadd Fwyd yn anelu at feysydd ehangach gan drechu'r archfarchnadoedd ar eu gêm eu hunain. Cafodd ei hagor yn 2007 yn rhan o stad Oakly Park ac mae hanner y cynnyrch a werthir yno yn cael ei gynhyrchu ar y safle. Yn y ffatri gaws yn y Neuadd mae naw math o gawsiau yn cael eu cynhyrchu. Bydd y gegin gig yn gwneud 300 o wyau Albanaidd gyda llaw bob wythnos. Mae'r gacen wy yn y becws yn anfarwol a'r dewis o fara amrywiol yn sigo'r dychymyg. Cewch goffi wedi'i rostio

Neuadd Fwyd Llwydlo

Stryd Fawr, Crucywel

rhwng y waliau yma a hufen iâ llyfn, o'r blasau traddodiadol i'r rhai tra-diddorol. Anodd gwrthod cynnyrch y gegin jariau cadw hefyd, yn arbennig ar ôl blasu'r gwahanol fathau o farmalêd.

Mae 'diogelu tref' wedi magu ystyr gwahanol dros y canrifoedd. Does fawr ar ôl o hen gastell a waliau Normanaidd Crucywel ond mae mudiad cryf yn lleol yn mynnu'i gwarchod fel tref farchnad. Yn 2015, heriodd y dref gynlluniau archfarchnad i brynu tafarn y Corn Exchange ar y Stryd Fawr sy'n llawn o siopau teuluol traddodiadol. Llwyddwyd i godi digon o gywilydd ar yr awdurdodau cynllunio i rwystro'r 'datblygiad'. Unodd 300 o'r ardalwyr i brynu'r adeilad hwnnw ac yn 2018 agorodd y Gyfnewidfa Ŷd/Corn Exchange ei drysau fel y siop 'dim gwastraff' gyntaf yng ngwledydd Prydain.

Wrth gerdded i lawr y Stryd Fawr, gwelais fod dwy siop lysiau annibynnol arni. Sawl tref farchnad arall yng Nghymru all ddweud yr un peth? Wrth adael y dref i gyfeiriad y Mynydd Du, roedd yr 'alotments' yn y pen uchaf i'w gweld yn daclus a thoreithiog. 'Gerddi Pawb' ydi'r enw gwych ar rai o'r fath ym Methesda ac mae 'cynnyrch lleol' a 'gerddi pawb' yn cyfleu Crucywel i'r dim.

Mae'r cerfiadau ar bren seddau'r côr yn eglwys St Laurence, Llwydlo gyda'r rhai mwyaf rhyfeddol yn Lloegr. O godi'r seddau, daw cerfiadau cudd i'r golwg – misericordiau – sy'n dyddio o ddechrau'r 15fed ganrif. Gelwir y seddau hyn weithiau yn 'seddau trugaredd' (*miserere seats*). Anaml y byddai lle i'r gynulleidfa eistedd yn yr eglwysi cynnar ond byddai'n gryn dreth ar y rhai oedd yn gweinyddu'r gwasanaethau, yn canu a llefaru. Yn raddol, darparwyd seddau ar gyfer y rhai hynaf, gwannaf o'r rheiny ac yn nes ymlaen ar gyfer yr holl rai oedd yn cymryd rhan.

Yr hyn sy'n rhyfeddod yw bod llawer o destunau cerfiadau'r misericordiau yn rhai y tu allan i'r byd eglwysig – anifeiliaid, adar, portreadau o chwedlau a bywyd teuluol.

Seddau'r côr, eglwys Llwydlo

Seddau plwyfolion oedd y rhain a bywyd cyffredin a gaiff ei bortreadu, gan gynnwys ambell jôc a delwedd hwyliog yn ogystal â phoen a gofid. Yn Llwydlo ceir golygfeydd o fyd hela, gwraig yn coginio ar yr aelwyd, ond hefyd greaduriaid mytholegol fel morforwyn a'r 'dyn gwyrdd', anifeiliaid tramor ac ambell olygfa 'ddoniol' fel 'Cosb y Dafarnwraig Anonest' – gwelir y dafarnwraig yn rhoi mesur byr o gwrw drwg i gwsmer ac yna fe'i gwelir yn cael ei chipio ymaith gan ddiafol bach. Mae symboliaeth rhai o'r cerfluniau'n dywyll i ni heddiw – roedd y dylluan yn ddelwedd o'r Iddew (yn ffafrio tywyllwch ei hen grefydd yn hytrach na goleuni Crist).

Mae rhyw olwg gam ar Weblai, un o'r trefi deliaf welais i erioed. Mae fframiau'r drysau'n gwyro i mewn i'r tai, y pendist ar ongl a llinellau a ddylai – am wn i – fod yn union, yn nes at donnau'r môr. Bochio at allan y mae ambell dalcen, tra bod crib ambell do yn debycach i siâp pont. Edrychwch ar y teras wrth y dafarn wedyn – maen nhw'n pwyso ar ei gilydd fel hen ffrindiau yng nghefn y bỳs olaf ar nos Sadwrn. Ydi, mae'n lle hoffus dros ben.

Wrth gerdded gyda'r afon am ganol tref Talgarth, mae geiriau arwyddocaol ar gerdyn yn y gwely blodau: 'Os oes gennych blanhigion blodau sbâr acw, dewch â nhw at ...' Pobl leol yn torchi'u llewys er mwyn eu tref leol. Yn y ganolfan ymwelwyr ar y sgwâr, mae'r gwirfoddolwr yn fy ateb yn Gymraeg. Mae'n dywydd mynd i'r ardd, meddai, ond mae'n rhaid i'r drws yma fod yn agored. Bu Dave, fel y cyflwynodd ei hun, yn brifathro yn Ysgol Bronllys am chwarter canrif ond dysgodd yr iaith wrth i'w blant dderbyn addysg Gymraeg yn yr ardal. Mae'r ganolfan yn cael ei rheoli gan y gymdeithas leol a sefydlodd Ymddiriedolaeth Talgarth yn y 1990au wedi i'r ysbyty gau. Mae'r adeilad yn cynnig adnoddau cyfrifiadurol, argraffu a

Canolfan Groeso Talgarth

thele-gyfathrebu yn ogystal â dosbarthu gwybodaeth.

Ar draws y stryd, mae Melin Talgarth wedi agor ei drysau. Dyma brosiect cymunedol arall sy'n cael ei redeg bron yn gyfan gwbl gan wirfoddolwyr. Enillodd y cynllun adfer arian Loteri a chafodd y gwaith ei ffilmio ar gyfer rhaglen *Village SOS* y BBC yn 2011. Bellach mae'r fenter yn sefyll ar ei thraed ei hun. Ben bore ar ddechrau tymor ymwelwyr arall, roedd

Melin Talgarth

digon o ddiddordeb yno ymysg rhai oedd eisiau taith o gwmpas lloriau'r felin i weld yr offer, neu dro ar hyd glan yr afon a chael cip ar y ffrwd yn llifo i droi'r olwyn ddŵr ddau cant oed a wnaed yn Ffowndri Aberhonddu.

Rhoddwyd y gorau i'w defnyddio fel melin yn 1946 pan geisiodd yr Awdurdod Dŵr godi tâl ar y melinydd am ddefnyddio'r dŵr. Ers 2011, mae wedi malu 20 tunnell o flawd cyflawn, gan dalu £40 y flwyddyn i Gyfoeth Naturiol Cymru am fenthyca'r dŵr. Yn y siop grefft a nwyddau lleol, mae posib prynu pecynnau cyflawn hefyd – y blawd (wedi'i halltu'n barod) a'r burum a'r rysáit ar gyfer gwneud gwahanol fathau o dorthau. Rwy'n dewis bocs Torth y Mynydd Du i fynd adref efo mi.

Mae Gerallt Gymro, yn ei lyfr ar ei daith drwy Gymru yn 1188, yn cyfeirio at felin yn Nhalgarth. Tybed a gafodd flasu peth o'r cynnyrch? Drwy lwc, roedd hi'n ddiwrnod crasu ym mecws y felin y diwrnod cynt. Roedd digon ar ôl i gynnig dau ddarn anferth o dost a marmalêd imi yn y caffi. Beth allai fod yn fwy cyflawn na hynny?

Eisteddfodau'r Gororau

Yn ystod y ganrif hon, mae'r Gororau wedi cynnal sawl Eisteddfod Genedlaethol lwyddiannus. Ym Meifod (ddwywaith), yr Wyddgrug, y Fenni a Wrecsam, daeth y Maes a'i weithgareddau ymylol â bywyd cyfoes Cymraeg i'r ardaloedd hynny a gadawyd marc. Gwelwyd cynnydd yn y dosbarthiadau dysgu Cymraeg; gwelwyd mwy o blant yn mynychu'r ysgolion Cymraeg; sefydlwyd corau ac adrannau'r Urdd. Yn draddodiadol, mae eisteddfodau wedi bod yn gyfrwng pwerus i hyrwyddo Cymreictod.

Yn 1823, priododd Augusta Waddington â Benjamin Hall. Roedd hi wedi etifeddu stad Llanofer gan ei thad ac yn selog dros y diwylliant Cymreig a'r iaith Gymraeg. Aeth Benjamin ac Augusta i Eisteddfod Aberhonddu yn 1826 a chael eu gwefreiddio gan John Jones ar y delyn deires. Pan gododd y ddau blas newydd iddynt eu hunain yn Llanofer, penodwyd John Jones yn delynor teulu. Daethant â Chymry ifanc uniaith yno o gefn gwlad i fod yn weision, morynion a thenantiaid.

Aethant ati i fywiogi bywyd diwylliannol yr ardal drwy gynorthwyo Cymry'r Fenni i gynnal cyfres o eisteddfodau pwysig rhwng 1834 ac 1853. Rhoesant filoedd o bunnoedd yn wobrau yno gan hybu deunydd gwerthfawr fel casgliadau o alawon gwerin ynghyd â geiriau, ac astudiaethau o lenyddiaeth Gymraeg. Roedd Augusta, dan y ffugenw 'Gwenynen Gwent', wedi ennill yn Eisteddfod Genedlaethol Caerdydd 1834 gyda'i thraethawd ar wahanol nodweddion

Ôl llaw Arglwyddes Llanofer

y wisg draddodiadol Gymreig.

Daeth Benjamin yn aelod seneddol a'i lysenw, oherwydd ei daldra, oedd 'Big Ben'. Daeth yn weinidog yn y llywodraethau Chwig a gan mai ef oedd yn gyfrifol am orffen adeiladu'r senedd-dy yn San Steffan, galwyd y cloc a'i glychau ar ei ôl. Roedd y Gymraeg yn iaith swyddogol ar arwyddion cyhoeddus y stad – 'Llythyrdy' a 'Hen Fasnachdy'. Noddent delynor yn y plas (bu fyw i fod yn 94 oed). Bob blwyddyn, cynigiai Augusta wobrau am y gwlân gorau a'r nwyddau gwlanen gorau. Hyrwyddai'r cynnyrch – a'i wisgo ei hun, a rhoi gwlanenni i'w gweision a'i morynion. Heb ei hymdrechion hi, mae rhai'n credu y byddai'r diwydiant gwlân Cymreig wedi mynd â'i ben iddo cyn diwedd y 19eg ganrif.

Mae'r traddodiad eisteddfodol wedi ymestyn i siroedd yr ochr draw i'r ffin. Roedd eisteddfod ryngbentrefol yn Marden, swydd Henffordd, hyd ddiwedd yr 20fed ganrif ac mae hen eisteddfod a sefydlwyd gan fwynwyr Cymreig yn Minsterley, swydd Amwythig, yn y 18fed ganrif yn dal i gael ei chynnal.

Efallai mai'r eisteddfod sy'n dileu pob ffin yw'r un a sefydlwyd yn Llangollen dros 70 mlynedd yn ôl. Ar ôl bod yn bomio dociau Lerpwl a threfi Glannau Merswy, byddai rhai o awyrennau'r Ail Ryfel Byd yn gollwng gweddill eu llwyth dychrynllyd ar fryniau sir Ddinbych er mwyn ysgafnhau'r daith adref. Bu'r bryniau ar dân sawl noson, gan ddod ag erchylltra rhyfel yn nes adref at y bobl leol. Mae'n rhaid mai yn ystod y cyfnod hwnnw yr heuwyd y syniad yn ardal Llangollen bod angen i bobl y gwledydd ddod ynghyd mewn brawdgarwch byd-eang, i rannu cân a dawns a pharchu diwylliannau'i gilydd.

Tyfodd y freuddwyd yn realiti yn 1947, gan fenthyca'r eisteddfod Gymreig fel maes cyfarfod i wledydd y byd. Un o gyfraniadau olaf y bardd T. Gwynn Jones oedd cyflwyno cwpled yn arwyddair i'r eisteddfod ryngwladol:

Byd gwyn fydd byd a gano;
Gwaraidd fydd ei gerddi fo.

Cystadlaethau corawl a dawns oedd yn tynnu'r perfformwyr i Langollen ond o'r dechrau, rhoddwyd pwyslais ar ŵyl werinol, groesawgar gyda digon o gyfle i orymdeithio a dawnsio ar strydoedd y dref. O'r dechrau hefyd, roedd 'cael gwared â chwerwedd a chasineb y rhyfel' yn un o amcanion yr ŵyl a chreu byd lle'r oedd parch, dealltwriaeth a chyfeillgarwch. Geiriau gwag ydi'r rheiny heb weithredoedd. Ymatebodd y gwledydd i'r croeso a estynnwyd gan y Cymry – y bỳs cyntaf i gyrraedd yr ŵyl gyntaf oedd un oedd wedi teithio bob cam o Bortiwgal. Yn 1947 daeth 3,000 o bobl i wylio 40 o gorau'n cymryd rhan. Yn 1953, roedd pawb yn eu dagrau wrth wrando ar gôr plant o Obernkirchen, yr Almaen, yn canu yn y gystadleuaeth côr plant gyntaf. Roedd briwiau'n cau. Gwnaeth y perfformiadau lliwgar, hwyliog o wledydd tramor lawer i roi gwaed newydd yn niwylliant gwerin cynhenid Cymru yn ogystal. Mae'r sawl sy'n rhannu yn derbyn yn ôl.

Drwy'r Rhyfel Oer, roedd llwyfannau a strydoedd Llangollen yn pontio'r gorllewin a'r dwyrain. Drwy ryfeloedd eraill, parhaodd brawdgarwch diwylliannol yr ŵyl i greu pontydd dros ffiniau a ffosydd. Dengys o hyd fod modd cael undod heb unffurfiaeth – mae'r amrywiaeth o ieithoedd, diwylliannau, crefyddau ac agweddau meddwl yn cordeddu drwy'i gilydd i greu cwlwm clòs a chryf. Bob nos yn ystod yr Eisteddfod, cynhelir cyngherddau arbennig a'r uchafbwynt erbyn hyn yw cystadleuaeth Côr y Byd ar y nos Sadwrn, gyda'r enillydd yn derbyn gwobr ariannol hael a thlws Luciano Pavarotti.

Ar hyd y blynyddoedd, cynnes a chymdeithasol fu'r ffordd o letya'r partïon tramor – daw 2,500 o bob rhan o'r byd i gystadlu yno'n flynyddol. O erddi'r fro y caed y blodau sy'n creu'r arddangosfa hyfryd wrth droed y llwyfan perfformio. Mae ysbryd Cymreig i'r cyfan. Ers 1992, pan godwyd pafiliwn parhaol, mae gan yr Eisteddfod ei safle parhaol ei hun sy'n dal 4,500 o bobl. Fel yr ysgrifennodd Dylan Thomas ar ôl ymweld â'r ŵyl: 'Are you surprised that people can dance and sing in a world on its head? The only surprising thing about miracles, however small, is that they sometimes happen.'

Eisteddfod Ryngwladol Llangollen

Y Gororau Cymreig

Wrth far y Nag's Head yn Amwythig, digwyddais glywed sgwrs ddiddorol yn codi rhwng dau yn y gornel.

- Os ydan ni'n eu cyfarfod nhw, mae'n rhaid bod yn gyfeillgar.
- Ti'n iawn, mae angen inni rannu pethau efo nhw. A chyfaddawdu.
- Maen nhw'n wahanol iawn i ni, ond dyna fo – dydan ni ddim i gyd i fod yr un fath.
- Mae'n rhaid trio dallt eu hiaith.
- Mi allan nhw ehangu ein gorwelion ni ...

Am rai munudau, roeddwn i'n meddwl mor wych yr athroniaeth gymodlon hon ar y Gororau. Ble arall ond ar ffin dwy wlad y byddai pobl mor oleuedig? Ond yna, wrth glustfeinio, dyma ddeall mai siarad am gyfarfod ag êlians mewn gêm ddigidol roedden nhw. Efallai fod hyd yn oed gemau digidol yn cael eu chwarae'n wahanol ar y Gororau.

* * *

Dewch am dro i Wrecsam eto.

Er bod tarddiad Sacsonaidd i'r dref ac i'w henw, mae'r ffurf Gymraeg Gwrecsam yn cael ei chofnodi mor gynnar ag 1291. Tref Gymreig oedd hi drwy'r Oesoedd Canol ac ni ddaeth dan lywodraeth Cyngor Cymru a'r Gororau tan 1505. Yn 1998, cynigiodd ei hun fel cartref i Senedd Cymru. Mae 20% o'r rhai dan 20 oed yn siarad Cymraeg yn y dref heddiw ond nid dyna'r unig iaith wahanol i Saesneg a glywir yno. Yno mae'r ganran uchaf drwy Gymru o deuluoedd o Wlad Pwyl. Clywir llawer iawn o ieithoedd dwyrain Ewrop ar y stryd ac yn yr ysgolion yno, yn ogystal â ieithoedd Portiwgal a Gwlad Tai. Cewch brynu nwyddau a phapurau newydd o Bwyl mewn siopau Pwylaidd yno ac mae ganddynt eu canolfannau dydd a'u clybiau eu hunain. Bydd y pleidiau gwleidyddol yn argraffu darnau Pwyleg yn eu hanerchiadau etholiadol. Pwyleg ydi'r iaith ffôn lôn amlycaf ar y stryd fawr. Mae'r pwyllgor addysg yn penodi cynorthwywyr Pwyleg yn yr ysgolion yno ac meddai un ohonynt: 'Mae'r Cymry yn bobl dda a goddefgar – mae fan'ma'n lle braf i fyw ynddo.' Mae'r cyngor lleol yn cyhoeddi taflenni gwybodaeth ac yn tynnu sylw at y ffaith fod y gweithwyr mudol hyn yn weithgar iawn ac yn gymorth mawr i hybu'r ardal fel canolfan weithgynhyrchu arbenigol. Yn groes i'r hyn sy'n cael ei hyrwyddo gan wasg asgell dde Lloegr, nid ydynt yn tanseilio cyfleoedd gwaith y bobl leol gan fod ffigwr diweithdra Wrecsam (1.8%) gyda'r isaf drwy Gymru. Ymhell cyn y don hon o fewnfudo mae'n werth cofio mai o Wrecsam y deilliodd yr ymgyrch focs sgidiau Nadolig – Operation Christmas Child – i roi anrhegion i blant amddifad Rwmania yn 1990. Tyfodd yr elusen i fod yn gyfrifol am filiynau o roddion erbyn hyn.

* * *

Yng Nghroesoswallt mae cartref tîm pêldroed y Seintiau Newydd, sy'n gyson ar frig Cynghrair Cymru. Ond does dim yn newydd am hyn. Mae'r holl enwau Cymraeg a welwn ar strydoedd y dref hon yn cadarnhau'r gair amdani, sef mai dyma'r dref Gymreiciaf yn Lloegr. Mab anghyfreithlon i'r teulu Lloyd, plasty Llanforda ger Croesoswallt, oedd yr hynafiaethydd a'r naturiaethwr Edward Llwyd (1660–1709). Cafodd ei addysgu yn Ysgol Croesoswallt cyn iddo ymsefydlu yn Rhydychen lle cyflawnodd waith arloesol ar yr ieithoedd Celtaidd a bywyd gwyllt Cymru.

Y gwir amdani oedd ei bod yn rhan o Gymru hyd 1536 pan ddeddfwyd bod y dref yr ochr arall i'r ffin. Parhaodd Croesoswallt yn rhan o esgobaeth Gymreig Llanelwy ar ôl i'r dref gael ei 'symud' i Loegr. Yn 1873, roedd Esgob Llanelwy yn parhau i ofyn i reithor y dref gadw ciwrat Cymraeg. Ar ddyddiau marchnad o hyd, mae'r Gymraeg yn aml yn fwy hyglyw na Saesneg ar y stryd.

Yno heddiw mae siop Cwlwm yn gwerthu Cyfansoddiadau'r Eisteddfod Genedlaethol ddiwethaf a detholiad da o lyfrau plant ac oedolion Cymraeg, yn ogystal â llu o nwyddau eraill sy'n dathlu'r

Llwyd Mansion, Croesoswallt

hunaniaeth Gymreig. Yn ôl Lowri Roberts, y perchennog, mae mwy o gardiau 'Taid a Nain' yn cael eu gwerthu yn y dref na rhai 'Grandpa and Grandma' gan fod cymaint o'r boblogaeth ddi-Gymraeg yno yn arddel yr enwau hynny. Arwyn Groe, Llanerfyl ddywedodd wrthyf unwaith fod ei fam pan oedd hi'n ifanc wedi gweithio mewn siop yno – a hyd y chwedegau, byddai pob siop, swyddfa a busnes yn y dref yn morol bod ganddynt o leiaf un person oedd yn medru siarad Cymraeg.

Mae cangen o Ferched y Wawr yn y dref, dau gapel Cymraeg a chlwb Cymraeg sy'n cyfarfod yn rheolaidd ac yn cael dathliad mawr bob Gŵyl Dewi. Pan ymwelodd yr Eisteddfod Genedlaethol â Maldwyn a'r Gororau yn 2015, roedd pwyllgor apêl yn y dref yn codi arian ati drwy stondin yn y farchnad, nosweithiau gwerin ac ocsiwn addewidion.

Yn llyfrgell y dref, mae casgliad llyfrau Cymraeg Gwasanaeth Llyfrgelloedd swydd Amwythig a bydd awduron Cymraeg yn dod yno i gyflwyno eu gwaith. Mae papur bro *Yr Ysgub* (dyffrynnoedd Tanat, Cain, Ceiriog ac Efyrnwy) yn cynnwys tudalen o newyddion y dref bob mis.

* * *

Hyd y 19eg ganrif, roedd sawl Cymro yn parhau i greu cyfenw drwy arddel enw'r tad, er bod yr arfer o ddefnyddio 'ap' wedi prinhau erbyn hynny. Byddai'r enwau'n tueddu i gael eu Seisnigo hefyd, drwy ychwanegu 's' ar gynffon yr enw – mab Huw yn rhoi inni Hughes; mab Gruffudd – Griffiths ac ati.

Yn 1620 roedd gŵr yn Wrecsam yn arddel cyfenw oedd yn rhestr o'i achau am chwe chenhedlaeth – Humfridus ap Robert ap Wiliam ap Robert ap David ap Griffith ap Robert. Doedd gweision sifil a chlercod y gyfraith ddim yn cymeradwyo'r arfer, gellir mentro – yn arbennig y rhai oedd yn hollol anwybodus o'r Gymraeg. Yn draddodiadol, caiff Rowland Lee – na fu erioed mewn pwlpud, mae'n debyg – ei gyhuddo o Seisnigo llawer o gyfenwau'r Cymry yn ei lysoedd crogi ar hyd a lled y

Plac i'r 'Jones' cyntaf yng Nghymru yng nghanol tref y Trallwng

Gororau yn yr 16eg ganrif. Roedd gwrando ar ei reithgor yn rhestru'u hachau ac yntau ar frys i weinyddu ei gyfiawnder gwaedlyd yn brofiad rhwystredig iddo. Deddfodd fod yn rhaid cyfyngu'r cyfenw i un enw yn unig a tharo 's' ar ei gynffon. Ond mae'n debyg nad Rowland Lee oedd yr unig weinyddwr gormesol oedd am roi stamp Seisnig ar y coloni newydd.

Ar brif stryd y Trallwng, mae plac i gofio am y 'Jones cyntaf yng Nghymru'. Unwaith eto, mae arogl y gormes a ddaeth yn sgil Deddf Cymru a Lloegr 1536 ar yr hanes hwn.

* * *

Pa mor symudol yw'r ffin erbyn hyn? Yn 2008, penderfynodd 63% o bobl Audlem – pentref naw milltir o Gymru yn swydd Gaer – o blaid dod yn rhan o Gymru wedi pleidlais ar-lein a drefnwyd gan eu cyngor plwyf. Mae'r pentref yn enillydd cyson mewn cystadleuaeth sirol 'Pentref mwyaf bywiog y flwyddyn', ond roedd yn ffafrio symud i Gymru oherwydd nad oes taliadau presgripsiwn yng Nghymru a bod mwy o bwyslais gan y Senedd yma ar chwaraeon a hawliau dinasyddion. Dechreuodd y cyfan fel jôc Calan Ebrill, ond erbyn y diwedd roedd yn codi cwestiynau pwysig

am ddiffyg democratiaeth yn Lloegr gan nad oes ganddi ei senedd ddatganoledig ei hun.

* * *

Mae taflenni a byrddau gwybodaeth English Heritage yng nghestyll a threfi'r Gororau dwyreiniol yn dehongli'r hanes mewn ffordd gul iawn: brwydr rhwng y Cymry a'r Saeson oedd hi, a'r Cymry oedd yn niwsans. Codwyd y cestyll, meddir, 'to defend the English borderlands from Welsh raiders' – dewisir anwybyddu gormes y Normaniaid ar y Cymry. Ond wrth gwrs, yn Llundain mae swyddfa ganolog English Heritage.

Cyflwynwyd cymhlethdod y ffin inni yn groyw iawn gan wraig oedd yn cadw'r siop yn un o'r cestyll hyn ar y Gororau. Cymry oedden ni i gyd ar un adeg, meddai hi, ond yna daeth llywodraethwyr newydd. Roedd ganddi hi deimlad cynnes iawn at Gymru o hyd, meddai: 'They say that we are more Welsh now that we are English than we were when we were Welsh!'

Clywch y Gymraeg

'Iaith tu ôl ymlaen ydi'r Gymraeg, yntê?' meddai un o gefnogwyr tîm rygbi Casnewydd ar y teras yn ystod gêm ar Rodney Parade. Y drefn o osod ansoddeiriau ar ôl enwau oedd wedi rhoi'r argraff honno iddo: 'You say "Morning good", not "Good morning", when you say "Bore da", don't you?' Gwrando ar ŵr oedd wedi'i fagu gan ei ddwy fam-gu o Gwm Rhymni yn siarad tafodiaith rugl Gwent efo fi yn ystod y gêm oedd wedi ysbrydoli'r sylw hwnnw. Cododd hynny awydd arno i wneud rhywbeth nad oeddwn erioed wedi clywed neb arall yn ei wneud, sef sillafu Llanfair Pwllgwyngyll o'r dechrau i'r diwedd. 'I can't pronounce it but I can spell it!'

Mae hanes yn ein dysgu bod edrych ar dreftadaeth gwlad neu ardal drwy'r hyn sydd wedi goroesi mewn mwy nag un iaith yn hanfodol. Nid yn Lladin, Sacsoneg a Ffrangeg Normanaidd yn unig mae dod at y Gororau, ond drwy'r Gymraeg a'r diwylliant Cymreig yn ogystal.

O boptu'r Gororau, mewn cwmni annisgwyl, mae gwybodaeth o'r Gymraeg yn bochio i'r wyneb. Dyn tacsi yn Amwythig – wrth inni ei dalu, 'Diolch!' meddai gyda gwên. Pwyliad oedd o, ac wedi clywed digon o Gymraeg i fedru'i nabod hi. Mae ambell un y tu ôl i gownteri siopau Amwythig yn barod i ddiolch ichi yn Gymraeg hefyd.

Pan fyddwch yn newid trên ar orsaf y dref honno, wnewch chi ddim colli'ch ffordd oherwydd camynganu enwau gorsafoedd. Mae'r trên ar Blatfform Tri, meddai'r Salopwraig ar yr uchelseinydd, yn galw yn ... Rhyl ... Penmaen-mawr ... Llanfairfechan ... a'r trên ar Blatfform Pump yn galw yng ngorsafoedd Caersws ... Machynlleth ... Penrhyndeudraeth. Mae'i chytseiniaid a'i llafariaid hi'n ddigon croyw a Chymreig iddi arwain Steddfod yr Urdd.

Mae gwirioneddau'n pontio ffiniau. Daw hynny'n amlwg wrth gymharu dywediadau diarhebol Cymraeg a dywediadau tebyg yn Saesneg siroedd y Gororau. Mae'n amlwg bod cenedlaethau o gydgyfarfod mewn ffeiriau a gwyliau wedi rhannu'r un gynhysgaeth.

Yn sir Gaer, dywedir am rai peryglus ond heb eu harfogi'n ddigonol i beri niwed: 'Curst cows have short horns'. Mae'r un gwirionedd i'w ganfod yn yr ymadrodd Cymraeg 'Da bod ei gyrn mor fyrred!'. Dywed y Cymro nad yw person craff yn 'torri cnau gweigion' ac yn sir Gaer clywyd: 'He does'na crack many deaf nuts'.

Os bydd y borfa'n dda, ni fydd y da byw'n crwydro. Bydd 'llyffethair wellt' ar yr anifeiliaid, medd y Cymro. Mae arddull y ffermwr o sir Gaer yn llai blodeuog efallai wrth ddweud bod ei wartheg yn 'tied by tooth'. Pe bai gwas trafferthus wedi'i godi o haen isaf y gymdeithas, byddai pobl sir Gaer yn twt-twtio: 'Don't take a servant off a midden'. A beth yw hynny ond yr un gwirionedd ag a geir gan y Cymro: 'Beth gewch chi o'r domen ond tail?'

Roedd pobl Middlewich wedi sylwi: 'Far-fetched and dear-bought is good for ladies.' Mae rhigwm Cymraeg o Bowys yn taro'r un hoelen ar ei phen: 'Bargen ddrud a'i chyrchu o bell, mae honno yn well o'r hanner'.

Ym Maesyfed, mae geiriau ac ymadroddion Cymraeg wedi goroesi yn Saesneg bob dydd ardaloedd o'r sir – bwbach (bwgan brain), ach-i-fi, dowlod (llofft y gwair), *squerny* (sgwarnog). Mae'r Gymraeg yn esgyrn yr iaith lafar hefyd: 'full the house of people', 'until middle day' ac 'a meal of food'.

Yng nghefn gwlad swydd Amwythig, clywir cystrawen Gymraeg i'r dafodiaith Saesneg o hyd. 'Thank you for me'

ddywedir gan rai, sy'n tarddu o'r ymadrodd Cymraeg 'Diolch ichi drosta i'. Parhaodd geiriau Cymraeg ymysg y gymdeithas amaethyddol hyd ddiwedd yr 20fed ganrif – gwerian oedd 'dyn gwirion' yn ardal Croesoswallt, grig oedd 'grug' a keffel oedd ceffyl di-werth (hynny yw, wedi dod o fferm yng Nghymru, mae'n siŵr).

Mae diferion olaf yr iaith wedi'u cofnodi yn rhai o ardaloedd y Gororau hefyd. Pan ymwelodd Alun Llywelyn-Williams â dyffryn Rhiangoll i'r de o Dalgarth yn nechrau'r 1960au, clywodd am ŵr oedrannus, yr olaf oedd yn medru hen dafodiaith Cwm-du. Aeth ato am sgwrs wrth gasglu deunydd ar gyfer Crwydro Brycheiniog ond Saesneg oedd yr atebion a gawsai ar y dechrau. Yna Cymraeg cloff. 'Ac yna torrodd yr argae, a chefais wrando ar lifeiriant o'r Cymraeg pereiddiaf a glywais erioed. Roedd dagrau yn llygaid yr hen ŵr pan fu raid inni ffarwelio.'

Bu polisi bwriadol i geisio lladd y Gymraeg drwy ei gwahardd o rai swyddi. Dyna un o brif ddibenion Deddf Cymru a Lloegr 1536. Nid mewn swyddi cyhoeddus, llys barn a'r ysgol yn unig yr oedd y Gymraeg yn cael ei gwahardd ...

Roedd y gwres yn codi ym maes glo sir

y Fflint erbyn canol y 19eg ganrif. Yno roedd y glofeydd yn eiddo i Saeson neu'n cael eu rheoli'n ariannol o Loegr, ond Cymry Cymraeg oedd y rhan helaethaf o'r gweithlu.

Fel ym mhob maes glo arall, roedd anafiadau, damweiniau angheuol ac afiechydon diwydiannol yn gyffredin a'r glowyr eu hunain oedd yn gorfod talu am ofal meddygol. Câi'r cyflogau eu gostwng pan oedd y farchnad yn isel. Yn ôl yr haneswyr lleol Jenny a Mike Griffiths, oedd â'u teidiau'n lowyr yn yr ardal, 'Most of the pits had English masters who were brought in to drive the Welsh harder in their work.'

Cymraeg oedd iaith y gweithlu lle bynnag yr oedd criwiau o Gymry yn gweithio gyda'i gilydd. Roedd hyn yn mynd o dan groen y swyddogion a'r rheolwyr uniaith Saesneg a cheisiwyd gweithredu polisi o 'No Welsh' dan ddaear. Yr esgus a ddefnyddient oedd y byddai'n beryglus pe bai rhywun yn gweiddi rhywbeth yn Gymraeg – mi allasai'r waedd fod yn rhybudd o berygl, ac ni fyddai Saeson yn deall y rhybudd. Er bod y rhan helaethaf o'r Cymry yn uniaith Gymraeg, ni lwyddwyd i esbonio wrthynt sut roedd y rheiny i fod i ddeall rhybudd Saesneg.

Cryfhaodd y pwysau i Seisnigo addysg Cymru wedi Deddf Addysg 1870. Eisoes roedd y 'Welsh Not' ar waith – darn o bren gyda'r llythrennau 'W.N.' i'w grogi am wddw plentyn a siaradai Gymraeg yn yr ysgol. Cosbid plentyn a wisgai'r 'W.N.' ar ddiwedd y dydd. Cryfhaodd hyn yr agwedd na ddylid clywed y Gymraeg yng Nghymru – clywyd ymwelwyr mewn gwesty yn Aberdaron ar ddydd Calan 2017 yn cwyno am siaradwyr Cymraeg: 'They are talking that foreign language over there.' Cafodd effaith seicolegol ar y Cymry hefyd, a gredai fod y Gymraeg yn eu gwneud yn israddol.

Aelwyd Gymraeg mewn pentref Cymraeg a gafodd y tenor David Lloyd (1912–1969) o Drelogan, sir y Fflint. Canu'n Gymraeg mewn eisteddfodau a ddaeth ag ef i amlygrwydd i ddechrau yna teithiodd Ewrop gyda chwmnïau opera Glyndebourne a Saddler's Wells. Ond taniwyd ergydion cyntaf yr Ail Ryfel Byd ar draws ei yrfa. Gorchmynnwyd iddo ymuno â'r Gwarchodlu Cymreig, yn aelod o fand y gatrawd – Musician Lloyd 2737420. Fel yn hanes llawer o Gymry eraill yn ystod y rhyfel honno, a sawl rhyfel arall, gwaharddwyd ef gan y sensor milwrol rhag llythyru'n Gymraeg gyda'i fam weddw a chanu caneuon jingoistaidd Saesneg yn unig a ganiateid iddo gan yr awdurdodau yn ystod y rhyfel.

Ond daeth tro ar fyd yn ail hanner yr 20fed ganrif. Roedd fy mam yn athrawes yn ysgol Abermorddu ger Caergwrle ar ddechrau'r 1950au. Wedi trafod gyda'r prifathro, cafodd ganiatâd i ddysgu Cymraeg i'w dosbarth – un o ddosbarthiadau ieuengaf yr oedran cynradd. Pan oedd ganddynt ychydig o ymadroddion, roedd yn naturiol fod y plant yn eu hadrodd a'u hymarfer ar eu haelwydydd gartref. Byddai ambell nain Gymraeg yn oedi i siarad gyda hi ar y stryd i ddiolch iddi am gyflwyno'r iaith yn ôl i'r plant. Un amser chwarae, clywyd o stafell yr athrawon lafarganu o iard yr ysgol: 'We want Welsh! We want Welsh!' Y dosbarthiadau hynaf oedd wrthi, yn teimlo eu bod yn cael eu hamddifadu am nad oedd yr iaith yn cael ei chynnig iddyn nhw.

Ymysg y camau pwysicaf cyntaf at adfer y Gymraeg yng Nghymru yn ystod ail hanner yr 20fed ganrif yr oedd sefydlu addysg Gymraeg. Bu'r Gororau yn allweddol ac yn arweinwyr yn y maes hwnnw. Ar wahân i ymdrechion cynnar yn Aberystwyth a Llanelli, sir y Fflint fu'n arloesi drwy agor tair ysgol gynradd ddwyieithog yn 1949 – Ysgol Dewi Sant, y Rhyl; Ysgol Glanyrafon, yr Wyddgrug ac Ysgol Gwenffrwd, Treffynnon. Cyfanswm y plant yn y tair ysgol ar y diwrnod cyntaf oedd 26; erbyn heddiw mae bron i 1,000 ynddynt.

Yn ystod yr 21ain ganrif, sefydlwyd ysgolion Cymraeg o ddifri ar hyd Gororau'r de-ddwyrain. Agorodd Ysgol Gymraeg y Fenni yn 1995 gyda 25 o ddisgyblion ac erbyn hyn mae tua 250 yno. Ddwy filltir o ffin Cymru yn Aber Hafren mae Ysgol y Ffin, Cil-y-coed. Sefydlwyd yr ysgol Gymraeg honno gyda dim ond dau athro a 17 o ddisgyblion yn 2001. Oherwydd y galw cynyddol am addysg Gymraeg i'w plant gan rieni yn y gymuned leol yn nwyrain sir Fynwy, symudodd yr ysgol i adeilad newydd sbon yn 2008 a bellach mae 150 o ddisgyblion ynddi. Mae'r ysgol yn enwog am ddoniau canu a sgiliau rygbi'r plant.

Maisie, Lola a Becka, Gŵyl Ddewi, Ysgol y Ffin

Byw efo'r ffin

Ar hyd stryd fawr Llanymynech mae'r linellau gwynion yn gwneud mwy na gwahanu dwy ffrwd o drafnidiaeth. Dyma linell y ffin rhwng Cymru a Lloegr hefyd. Mae'r tecawê Tjeinîs yng Nghymru a'r tecawê Indiaidd yn Lloegr. Gallwch ddarllen posteri Cymraeg Heddlu Dyfed-Powys yn y post ar ochr Cymru ac mae gwybodaeth y Llanymynech & Pant Parish Council ar ochr Lloegr. Nid pentref ar y ffin ydi hwn ond pentref a'r ffin ynddo. Mae chwarel fawr y Graig Lwyd yn codi'n amlwg yn gefnlen i'r pentref ac mae 'Welsh incline' ac 'English incline' yn honno hyd yn oed.

Ond wrth dreulio amser yno, mae'r linellau'n llwydo a hyd yn oed yn diflannu. Down ar draws Bala House yn Lloegr a chwrw Noggin swydd Amwythig ar drafft yn y Dolffin yng Nghymru. Mae canolfan y gamlas yn Lloegr, ond Glandŵr Cymru – ymddiriedolaeth camlesi ac afonydd Cymru – sy'n gofalu amdani. Cewch weld byrddau dehongli am hanes y chwarel, y rheiny wedi'u paratoi gan Shropshire County Council ac Oswestry Borough Council – ac maen nhw'n Gymraeg yn ogystal â Saesneg.

Yn Llanymynech, gallwch farw yng Nghymru a chael eich claddu yn y fynwent sydd yn Lloegr. Mae'n sefyllfa debyg gyda phosibiliadau tebyg i'r ffars a ddarluniwyd gan Spike Milligan am bentref Puckoon ar y ffin rhwng Gogledd Iwerddon a'r Weriniaeth. Rydym yn cysylltu ffiniau gyda niwl a llwydni, brad a theyrngarwch, rhwygiadau ac ansicrwydd. Eu diben ar fap yw gwahanu. Ond ar hyd y Gororau, mae modd gweld pobl, hanesion, arferion ac egwyddorion yn cyfarfod yn y trefi a'r tiroedd hynny.

Do, bu yno gyfnodau cythryblus. Bu sawl ymdrech i feddiannu, i ormesu, i lywodraethu'n groes i'r graen. Bu sawl methiant hefyd. Yn y diwedd, trodd rhydau a bylchau'r brwydrau yn bontydd i fasnach a diwylliant. Aeth mynydd-dir a stormydd haf yn drech na byddin anferth Harri II wrth iddo geisio ymosod dros y Berwyn i 'setlo'r Cymry' yn 1165. Gadawod ei gertiau trwm rychau dyfnion ar y rhostir; gadawod y certiau yn y diwedd a throi'n ôl am Loegr. Ond trowyd rhychau'r ymosodiad hwnnw yn ffordd i'r porthmyn fynd â'u gyrroedd i farchnadoedd Lloegr

ganrifoedd yn ddiweddarach. Daethant ag aur adref i dyddynwyr Cymru, a llyfrau Cymraeg hefyd gan gyhoeddwyr Cymraeg y Gororau. 'Ffordd y Saeson' ydi enw'r llwybr o hyd.

Yng Nghymru, hyd yn oed os nad ydym yn byw ar y ffin, rydym yn cael ein gorfodi i fyw yn ymwybodol ohoni o hyd. Yn ein hoes ni, 'Ffordd y Saeson' yn y llywodraeth yn Llundain yw parhau i anwybyddu'r datganoli democrataidd a fu yn 1997 a 2011 yn trosglwyddo pwerau i Senedd Cymru, a cheisio dwyn pwerau meysydd datganoledig sy'n dychwelyd o Ewrop. Heddiw o hyd, mae sylwadau dilornus, jôcs a rhagfarnau hiliol yn erbyn y Cymry a'u hiaith yn dderbyniol gan y BBC a phapurau Llundain – 'Y drwg efo'r Cymry ydi'u bod nhw'n brin o hiwmor!' Mae'r ffin lwyd yn cael ei throi'n llinell ddu, drom gan bobl sy'n methu dygymod ag amrywiaeth.

Ond wrth ddod i'r Gororau, mae imperialaeth yn pylu wrth weld olion methiannau'r holl ymerodraethau hynny. Yn y diwedd, doedd y cestyll mawreddog yn ddim ond cestyll tywod. Mae'n wir bod awdurdodau canolog yn dal i fethu gweld hynny. Cadw, corff hanes Senedd Cymru, sy'n gyfrifol am warchod y castell yn Nhrefynwy. Dyna'r unig adeilad dan ei

reolaeth, hyd y gwn i, sy'n chwifio'r Iwnion Jac yn hytrach na'r Ddraig Goch.

Mae cymhlethdod y terfynau yn cael ei ymgorffori yn yr enw Capel-y-ffin yn y Mynydd Du. Er bod ffin Cymru a Lloegr ar esgair ddwyreiniol y dyffryn, nid honno sydd yn yr enw. Nid y ffin rhwng siroedd Brycheiniog a Mynwy chwaith – mae'r enw'n llawer hŷn nag 1536. Yr hyn sydd yma yw'r ffin rhwng esgobaethau Llandaf a Thyddewi.

Ffiniau gwleidyddol, ffiniau crefyddol, ffiniau ieithyddol – ymhen amser, mae pobl sy'n byw ar y ffiniau hynny yn dod i ddeall a dod i fyw gyda'r gwahaniaethau. Dro ar ôl tro, dwi wedi profi parch at

Capel-y-ffin, Y Mynydd Du

Gymry a diwylliant Cymreig ymysg Saeson y Gororau. Dwi wedi gweld Saeson y Gororau yn gwenu wrth glywed fy acen ac yn hytrach na'i gwawdio, yn gofyn gyda diddordeb pa ran o Gymru ydw i'n dod ohoni, ac yna'n mynd ati i foli'r rhan arbennig honno o'r wlad. Mae'n dystiolaeth bod amrywiaeth diwylliannol yn creu goddefgarwch a chyfeillgarwch tra bo anwybodaeth ddiwylliannol yn creu amheuaeth a chasineb.

Na, nid oes gan Gymru fôr ar hyd ei hymylon dwyreiniol. Ond pwy a ŵyr nad yw'r Gororau Cymreig, sy'n ymestyn yn hanesyddol ac yn ddylanwadol o hyd ymhell i ochr Lloegr o'r Clawdd, wedi cyfrannu at amddiffyn y diwylliant a'r hunaniaeth Gymreig yn fwy nag a sylweddolwyd. Mae barddoniaeth, meddir, yn cael ei cholli wrth groesi'r ffin ieithyddol o un iaith i un arall; ond mi all ffin fod yn fan cyfarfod lle rydym ar ein hennill yn ogystal.

Ein gofid yng nghalon y wlad ydi bod Cymru'n crebachu o hyd; yma ar y Gororau mae hi fel pe bai hi'n ymestyn.

Rhestr enwau lleoedd Cymraeg

Abaty Deur *Abbey Dore*
Amwythig *Shrewsbury*
Bers, Y *Bersham*
Brewyn *Leintwardine*
Caer *Chester*
Caerfaddon *Bath*
Caer-gaint *Canterbury*
Caerlwytgoed *Litchfield*
Caer Ogyrfan *Old Oswestry*
Caerllion *Caerleon*
Caerwrangon *Worcester*
Caerwrygion *Wroxeter*
Castell Cawres *Caus*
Castell Gwyn *White Castle*
Cefn Digoll *Long Mountain*
Cefn Gweunllwg *Wenlock Edge*
Cegidfa *Guilsfield*
Ceintun *Kington*
Cilgwri *Wirral*
Cleirwy *Clyro*
Cnwclas *Knucklas*
Croesoswallt *Oswestry*
Chwitffordd *Whitford*
Dinas Basing *Basingwerk*
Din Gwrygon *The Wrekin*
Dyffryn Deur *Dore Valley/Golden Valley*
Efyrnwy, afon *Vyrnwy*

Ergin *Archenfield*
Esgair Ceri *Kerry Ridge*
Ewias *Ewyas*
Fenni, Y *Abergavenny*
Fforest y Ddena *Forest of Dean*
Gelli Gandryll, Y *Hay-on-Wye*
Grysmwnt, Y *Grosmont*
Gweunllwg *Much Wenlock*
Gwy, afon *Wye*
Hafren, afon *Severn*
Heledd Ddu, Yr *Northwich*

Draig ar eglwys Llanddewi Cil Peddeg

Heledd Wen, Yr *Nantwich*
Llanandras *Presteigne*
Llanbedr Castell-paen *Painscastle*
Llanddewi *Little Dewchurch*
Llanddewi Cil Peddeg *Kilpeck*
Llanddewi Nant Honddu *Llanthony*
Llanddewi Rhos Ceirion *Much Dewchurch*
Llanfair Dyffryn Tefeidiad *Llanfair Waterdine*
Llanfeuno *Llanveynoe*
Llanllieni *Leominster*
Llugwy, afon ym Maesyfed *Lugg*
Llwydlo *Ludlow*

Llyn Syfaddan *Llangors lake*
Maesyfed *New Radnor*
Melwern *Melverley*
Penarlâg *Hawarden*
Pencraig *Old Radnor*
Pyllalai *Pilleth*
Rhedynfre *Farndon* ger Caer
Rhosan-ar-Wy, Y *Ross-on-Wye*
Tefeidiad, afon *Teme*
Trallwng, Y *Welshpool*
Trefaldwyn *Montgomery*
Trefesgob *Bishop's Castle*
Trefynwy *Monmouth*
Tre-hir *Longtown*
Waun, Y *Chirk*
Weblai *Weobley*
Wrecin, Y *The Wrekin*
Ynysgynwraidd *Skenfrith*

Arwyddion dwyieithog yn Lloegr

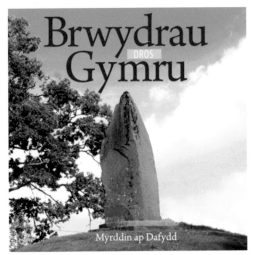

Brwydrau DROS Gymru

Myrddin ap Dafydd

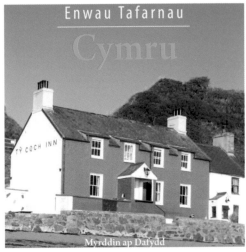

Enwau Tafarnau
Cymru

Myrddin ap Dafydd

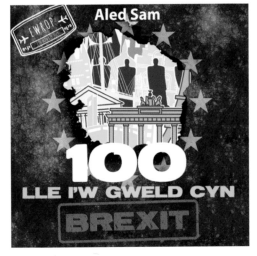

EWROP

Aled Sam

100
LLE I'W GWELD CYN
BREXIT

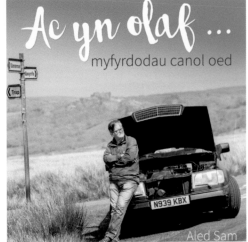

Ac yn olaf ...
myfyrdodau canol oed

Aled Sam